AF523037

Matthias Wendler
Valerie Hammacher

Fränkische Tapas

Das Kochbuch

Fränkische Tapas

Das Kochbuch

Matthias Wendler
Valerie Hammacher

ars vivendi

INHALT

EINLEITUNG

Tapas sind für mich der Inbegriff von Geselligkeit und Lebensfreude. Wenn unsere Freunde bei uns zu Gast sind, öffnen wir nicht selten die ein oder andere Flasche Wein, und aus einem Nachmittag wird schnell ein ganzer Abend. Aus diesem Grund bereite ich meistens einige Kleinigkeiten vor, denn zu guten Gesprächen gehört auch gutes Essen. So entstand die Idee der *Fränkischen Tapas*, eine Hommage an meine rotweiße Heimat. Die fränkische Küche liegt mir als gebürtigem Nürnberger natürlich sehr am Herzen; ich bin mit ihr aufgewachsen und verbinde mit ihr viele Emotionen und Erinnerungen. Für dieses Buch habe ich deshalb meine Lieblingsgerichte in Form von Tapas neu interpretiert.

Traditionelle Tapas (zu Deutsch »Deckel«) werden in vielen spanischen Bars und Bodegas als kleine, je nach Größe und Aufwand sogar kostenlose Beilage zum Getränk der Wahl (meist Wein, Bier oder Sherry) serviert und traditionell im Stehen verzehrt. Klassisch sind hierbei Oliven, Brot und Aioli, aufwendigere Tapas müssen extra bestellt werden. Jedes Lokal bietet individuelle, auch regional unterschiedliche Tapas-Kreationen an, und so entstanden mit der Zeit unzählige kalte und warme Häppchen mit Fisch, Meeresfrüchten, Fleisch oder Gemüse.

Längst haben die beliebten Tapas auch Einzug in die deutsche Küche gehalten – in unseren Tapas-Restaurants werden sie jedoch meist im Sitzen verzehrt und lieber zu einer ganzen Mahlzeit kombiniert als nur zum Aperitif genossen. Geselligkeit, interessante Gespräche und eine gute Flasche Wein gehören dabei jedoch oft genauso dazu wie beim spanischen Original. Die Häppchen, in vielen kleinen Schüsseln und Tellern in der Mitte des Esstischs verteilt, laden geradezu zum Teilen und Zugreifen ein und stehen deshalb ganz besonders für das Essen in Gemeinschaft. Und genau darum geht es auch bei meinen Gerichten. Erst wenn sich gut unterhalten wird, jeder beherzt zulangt und es sich gut gehen lässt, ist der Abend gelungen und mein Hobbykoch-Herz hüpft vor Freude. Tapas sind außerdem perfekt, um verschiedene Köstlichkeiten zu probieren und sich nicht nur auf ein Gericht beschränken zu müssen. In den Menüvorschlägen auf Seite 15 finden sich verschiedene Tapas-Kombinationen nach Themen sortiert – ansonsten einfach drauflos kochen, falsche Kombis gibt es nicht!

GASTGEBER SEIN & DIE LIEBE ZUM GENIESSEN

Bereits während meines Studiums arbeitete ich viele Jahre in unterschiedlichen Nürnberger Bars und Restaurants und entdeckte dabei meine Liebe zu kreativen Getränken und gutem Essen. Ein kulinarischer Silvesterabend mit Freunden in Oslo vor einigen Jahren hat dann meine Leidenschaft fürs Kochen vollends geweckt – die Kochbegeisterung lag regelrecht in der Luft: Jeder hatte sich schon Wochen zuvor intensiv Gedanken darüber gemacht, welcher Gang zum Menü beigesteuert werden könnte. Das gemeinsame Einkaufen am Nachmittag, das Zubereiten der Gerichte am Abend sowie das anschließende gesellige Beisammensein hatten diesen Abend einfach perfekt gemacht, weshalb er mir nachhaltig in Erinnerung geblieben ist. Und das ist es doch, worum es als Gastgeber geht: Emotionen zu wecken und Erinnerungen zu schaffen an gutes Essen und gute Gespräche.

Meine Fähigkeiten am Herd weiterzuentwickeln und Gäste zu empfangen, ist für mich seither ein stetiger Lernprozess, in den ich viel Aufmerksamkeit und Zeit investiere. Ich überlege mir im Voraus, welche Gerichte zu welcher Tages- und Jahreszeit, welchem Anlass oder auch welcher Stimmung passen könnten, und lasse dann meiner Fantasie freien Lauf. Kochen ist weit mehr als nur unterschiedliche Zutaten zu kombinieren – für mich ist es ein Lebensgefühl. Dabei geht es mir nicht um Perfektion, sondern vielmehr um unvergessliche Momente für meine Gäste und mich. Zwei Faktoren sind dabei aus meiner Sicht essenziell: hochwertige regionale Zutaten und die Liebe zum Detail. Denn nur so zaubert man seinen Gästen ein zufriedenes Lächeln auf die Lippen.

Anfang 2020 startete ich dann ein neues Projekt: Auf meinem Instagram-Kanal @mttswndlr wollte ich meine Rezepte fortan in größerer Runde teilen. Dabei macht mir der Austausch mit anderen Kochbegeisterten besonders viel Freude und inspiriert mich immer wieder dazu, neue Rezepte auszuprobieren. Kulinarisch bin ich dabei nicht auf ein bestimmtes Thema festgelegt. Mal koche ich Low Carb, mal deftig, und gelegentlich kreiere ich auch Gerichte der feineren Küche. Dabei sind sowohl Fleisch, Fisch und Meerestiere als auch vegetarische und vegane Rezepte auf meinem Kanal zu finden. Ich möchte zum Genießen inspirieren, dazu, sich die Zeit zum Kochen und natürlich auch zum Essen zu nehmen und so dem Genuss einen höheren Stellenwert im hektischen Alltag einzuräumen. Dabei ist es nebensächlich, ob es sich um ein schnelles Feierabendgericht handelt oder um eines, das über mehrere Tage zubereitet wird – Hauptsache, es schmeckt und macht Spaß!

SPANIEN ZU GAST IN FRANKEN

Vermutlich sind Bratwürste, Schäufele und Lebkuchen die ersten Gerichte, die einem beim Stichwort »fränkische Küche« einfallen. Dazu gesellen sich vielleicht noch Sauerkraut, Stadtwurst oder Karpfen, dabei gibt es noch so viel mehr Fränkisches zu entdecken! So hat zum Beispiel jede Region ihre eigenen Spezialitäten – von den Weinanbaugebieten in Unterfranken über die Biergegenden in Oberfranken, bis hin zur Fluss- und Seenlandschaft in Mittelfranken. Die Küche dieses schönen Fleckchens ist so vielfältig wie seine Einwohner. Daher möchte ich in diesem Buch meine selbst kreierten Tapas mit fränkischem Einschlag präsentieren. Mit vielen Klassikern bin ich aufgewachsen, einiges habe ich neu interpretiert und mir dazu Inspiration von klassischen Tapas geholt. Garnelen kommen hier also ebenso vor (Knoblauch(sland)-Garnelen, siehe S. 87) wie Dijonsenf (Leberkäsröllchen mit Honig-Senf-Dip, siehe S. 59) und Gruyère (Zwetschgenbaames-Käse-»Toast«, siehe S. 24); alles in allem jedoch sind meine Rezepte im Herzen echte Franken und die Zutaten dafür in jedem Supermarkt zu finden.

GUTE VORBEREITUNG IST DIE HALBE TAPA

Bei meinen Tapas geht es gar nicht so sehr um eine fein abgestimmte Menüfolge, sondern darum, jedem die Möglichkeit zu geben, nach Herzenslust mal hierhin und mal dorthin zu greifen. Tapas sind ideal für einen geselligen Abend, da die meisten gut vorzubereiten sind – so kann der Gastgeber, statt in der Küche zu stehen, bei seinen Gästen sein. Für einen gelungenen Nachmittag oder Abend habe ich zu einigen Rezepten nützliche Tipps zum Servieren, Kombinieren, Abwandeln oder Vorbereiten geschrieben, die mir bei der Zubereitung geholfen haben. Je nach Lust und Laune kann man eigene Tapas-Kombinationen zusammenstellen, wobei selbst Vegetarier und Süßspeisenliebhaber nicht zu kurz kommen. Alle Rezepte in diesem Buch können auch als Snack für den kleinen Hunger dienen, die Vorspeise oder den Zwischengang eines Menüs darstellen oder einfach als Mittag- oder Abendessen für zwei Personen serviert werden. Mengenangaben sind vor jedem Rezept angegeben.

VIEL FREUDE BEIM KOCHEN UND GENIESSEN, EUER

Matthias Wendler

MENÜVORSCHLÄGE

Für eine gelungene Tapas-Party empfehle ich, etwa fünf verschiedene Tapas vorzubereiten, wobei es sinnvoll ist, eine Mischung aus kalten und warmen Gerichten zu servieren. Ebenso schlage ich einen guten Mix aus einfachen und etwas aufwendigeren Rezepten vor, um zu verhindern, dass die Vorbereitungen überhandnehmen.

Mein Tipp: Zwei Highlights auswählen und anschließend drei passende einfachere Tapas ergänzen.

EINE AUSWAHL AN FÜNF TAPAS IST JEWEILS AUSREICHEND FÜR 4–6 PERSONEN

BROTZEIT

- Zwetschgenbaames-Käse-»Toast« (S. 24)
- Leberkäsröllchen mit Honig-Senf-Dip (S. 59)
- G'rupfte Cupcakes (S. 109)
- Brezensalat (S. 101)
- Stadtwurstsalat (S. 27)

VEGGIE

- Soß im Kloß (S. 96)
- Champignons im Bierteig mit Rote-Bete-Dip (S. 121)
- Spargelflecken (S. 124)
- Kartoffelrosen mit Kräuterquark (S. 95)
- Mini-Zwiebelkuchen (S. 126)

SPANISCH

- Kloßteig-Croquetas de Speck (S. 48)
- Bratwurst-Albondigas (S. 40)
- Pfannkuchen-Tacos mit Lachs und Frischkäse (S. 83)
- Schwarzbrot-Nachos mit Erdbeersalsa (S. 113)
- Zwetschgen-Feta-Brote (S. 115)

KLASSIKER

- Knuspriger Mini-Schweinebraten mit Klößen und Blaukraut (S. 56)
- Saure Bratwürste in der Zwiebel (S. 33)
- Knusprige Baggers-Taler mit Apfel-Rettich-Salat und Räucherlachs (S. 78)
- Stadtwurstsalat (S. 27) oder Weißwurst-Brezen-Spießla (S. 30)
- Nürnberger im Schlafrock (S. 34)

MODERN

- Nürnberger Mini-Hotdogs (S. 37)
- Mini-Fleischküchle (S. 38)
- Knoblauch(sland)-Garnelen (S. 87)
- Mini-Blätterteig-Knusperstangen (S. 106)
- Rote-Bete-Carpaccio mit Himbeeren, Burrata und Basilikum-Minze-Pesto (S. 117)

Schinken-Birnen-Spießla
Gefüllte Aprikosen mit Minzpesto & Pinienkernen
Zwetschgenbaames-Käse-»Toast«
Stadtwurstsalat
Stadtwurst-mit-Musik-Spießla
Weißwurst-Brezen-Spießla
Saure Bratwürste in der Zwiebel
Nürnberger im Schlafrock
Nürnberger Mini-Hotdogs
Mini-Fleischküchle
Bratwurst-Albondigas
Zwetschgen im Speckmantel
Würzburger Taler
Holzfällerbrot
Kloßteig-Croquetas de Speck
Schweinebauch-Pops
Mini-Pulled-Schäufele-Burger
Knuspriger Mini-Schweinebraten
mit Klößen & Blaukraut
Leberkäsröllchen mit Honig-Senf-Dip
Mini-Leberkäs-Burger
Rouladen-Sushi mit Kartoffelstroh
Schnitzelstreifen mit Lauch-Rahm-Dip

SCHINKEN, WURST & FLEISCH

SCHINKEN-BIRNEN-SPIESSLA

Honigmelone mit rohem Schinken ist ein weit verbreiteter Klassiker. Um einiges regionaler, und vielleicht sogar leckerer, wird es, nimmt man reife Birnen vom Markt und geräucherten Schinken vom Metzger ums Eck.

KALT & EINFACH • 24 SPIESSE

FÜR DIE SPIESSE

2 reife Bio-Birnen

12 Scheiben geräucherter Bauernschinken

AUSSERDEM

24 kurze Holzspießchen oder Zahnstocher

Die Birnen nach Belieben schälen, längs halbieren und das Kerngehäuse entfernen. Jede Birnenhälfte in sechs Spalten schneiden. Jede Birnenspalte mit einer halben Scheibe Bauernschinken umwickeln und mit einem Spießchen feststecken.

TIPP:

Werden die Spieße nicht sofort serviert, die Birnenspalten am besten mit etwas Zitronensaft beträufeln, damit sie nicht braun werden.

GEFÜLLTE APRIKOSEN MIT MINZPESTO UND PINIENKERNEN

Saftige orangegelbe Aprikosen frisch vom Markt machen nicht nur auf dem Kuchen eine super Figur, sondern harmonieren auch hervorragend mit salzigen Komponenten – in diesem Fall mit cremigem Mozzarella, geräuchertem Schinken, frischem Minzpesto und knusprigen Pinienkernen.

KALT & EINFACH • 10 APRIKOSENHÄLFTEN

FÜR DIE APRIKOSEN

1 Handvoll Pinienkerne
5 reife Aprikosen
5 Scheiben geräucherter Schinken
10 kleine Mozzarella-Bällchen

FÜR DAS PESTO

½ Bund Minze
¼ Bund Basilikum
6 EL natives Olivenöl extra
1 unbehandelte Bio-Limette
1 TL Honig (nach Belieben)

Die Pinienkerne in einer Pfanne ohne Fett bei mittlerer Hitze leicht anrösten und beiseitestellen. Die Aprikosen waschen, halbieren und den Stein entfernen.

Für das Pesto die Minze zusammen mit Basilikum und Öl in einen Mixer geben – sollten die Stängel der Kräuter sehr dick sein, lieber nur die Blätter verwenden. Die Limette heiß waschen, abtrocknen, die Schale (nur das Grün!) abreiben und ebenfalls in den Mixer geben. Alles zu einem Pesto pürieren und nach Belieben mit etwas Honig nachsüßen.

Zum Servieren jede Aprikosenhälfte mit einer halben Scheibe Schinken sowie einem Mozzarella-Bällchen belegen. Etwas Minzpesto darüberträufeln und mit Pinienkeren bestreuen.

TIPP:

Das Rezept lässt sich auch toll in ein Mango-Carpaccio abwandeln. Hierzu statt der Aprikosen 1 reife Mango schälen und das Fruchtfleisch in dünnen Scheiben vom Stein schneiden. Auf einem Teller anrichten, die Mozzarella-Bällchen halbieren und gemeinsam mit Pinienkernen und Pesto darauf verteilen.

ZWETSCHGENBAAMES-KÄSE-»TOAST«

Zwetschgenbaames ist ein luftgetrockneter Rinderschinken, den man vor allem in und um Bamberg häufiger findet. Woher der Name stammt, ist nicht hundertprozentig klar, er könnte jedoch mit der rötlichen Farbe des Schinkens, die an Zwetschgenholz erinnert, zu tun haben. Auf knusprigen Bauernbrotkanten angerichtet und serviert mit Gruyère und Bergkäse, ist der Zwetschgenbaames eine tolle Alternative zu den herkömmlichen Schinken-Käse-Toast-Ecken.

KALT & EINFACH • 12–15 STÜCK

500 g Brot mit schöner Kruste (z. B. Krustenbrot, Sauerteigbrot etc.)
etwas Olivenöl
200 g Gruyère
ca. 45 hauchdünne Scheiben Zwetschgenbaames
50 g Bergkäse
¼ Bund Schnittlauch

AUSSERDEM
Küchenreibe

Den Backofen auf 200 °C (Umluft) vorheizen und ein Backblech mit Backpapier auslegen. Eine beschichtete Pfanne bei mittlerer Temperatur erhitzen.

Das Brot erst in 2–3 cm dicke Scheiben und jede Scheibe anschließend in ca. 4–5 cm breite Stücke schneiden, sodass rechteckige Brotblöcke entstehen. Etwas Olivenöl auf einen flachen Teller gießen, das Brot kurz darin wenden (es soll sich dabei nicht vollsaugen) und in der heißen Pfanne von allen Seiten knusprig braten.

Die knusprigen Brotquader auf das vorbereitete Backblech setzen und geriebenen Gruyère gleichmäßig darauf verteilen. Im Ofen so lange backen, bis der Käse geschmolzen ist und leicht Farbe bekommen hat.

Herausnehmen und jeweils drei Scheiben Zwetschgenbaames auf einer Brotscheibe anrichten. Mit geriebenem Bergkäse bestreuen und mit frisch geschnittenem Schnittlauch garnieren.

TIPP:
Das Rezept funktioniert natürlich genauso gut mit Bauernschinken oder ähnlichem.

STADTWURSTSALAT

Hier gehts ganz klar um die Wurst ... und zwar um die Stadtwurst, denn die gibts in dieser Form nur bei uns in Franken. Gemischt mit roten Zwiebeln, kleinen Essiggurken und etwas Schnittlauch, bekommen wir beim Tapas essen Biergartengefühle.

KALT & GUT VORZUBEREITEN • 8 GLÄSCHEN

FÜR DEN SALAT

400 g feine Stadtwurst
2 kleine rote Zwiebeln
8–10 Radieschen
8–10 kleine Essiggurken (Cornichons)
¼ Bund Petersilie

FÜR DAS DRESSING

4 EL natives Olivenöl extra
3 EL Apfelessig
1 TL mittelscharfer Senf
Salz und schwarzer Pfeffer aus der Mühle

AUSSERDEM

8 kleine Serviergläser

Für den Salat die Wurst erst in Scheiben, dann in dünne Streifen schneiden. Die Zwiebeln halbieren, in dünne Scheiben schneiden und diese in halbe Ringe trennen. Die Radieschen dünn aufschneiden, die Gürkchen der Länge nach halbieren oder vierteln. Alles miteinander in einer großen Schüssel vermengen.

Alle Zutaten für das Dressing mixen und mit Salz und Pfeffer abschmecken. Das Dressing über den Salat gießen und gut durchmischen.

Den Wurstsalat in kleine Serviergläser füllen und im Kühlschrank mindestens 15 Minuten durchziehen lassen. Kurz vor dem Servieren jedes Glas mit etwas frisch geschnittener Petersilie bestreuen.

TIPP:

Statt Fleischwurst bzw. Lyoner lässt sich dieses Rezept auch super mit Leberkäse variieren – oder man mischt verschiedene Wurstsorten nach Lust und Laune miteinander.

STADTWURST-MIT-MUSIK-SPIESSLA

Der Brotzeitklassiker in Tapas-Form. Mehr braucht man dazu nicht sagen – einfach nur genießen.

KALT & EINFACH • 20 SPIESSE

FÜR DIE ZWIEBELN

50 ml Weißweinessig
50 ml natives Olivenöl extra
20 ml Gewürzwasser von eingelegten Essiggurken
Salz und schwarzer Pfeffer aus der Mühle
Zucker
3–4 kleine rote Zwiebeln

ZUM SERVIEREN

1 grobe Stadtwurst (ca. 20 cm)
5–6 Scheiben Bauernbrot
20 kleine Essiggurken (Cornichons)

AUSSERDEM

20 Holzspießchen oder Zahnstocher

Essig, Olivenöl und Gewürzwasser mischen und mit Salz, Pfeffer und etwas Zucker abschmecken. Die Zwiebeln in feine Ringe schneiden und ins Dressing legen. Für 1 Stunde im Kühlschrank durchziehen lassen.

Die Stadtwurst abziehen und in 1 cm dicke Scheiben schneiden. Aus den Brotscheiben mit einem Speisering, Glas oder ähnlichem im gleichen Durchmesser wie die Wurst (oder etwas größer) Kreise ausstechen.

Jede Brotscheibe mit einigen abgetropften Zwiebelringen belegen, eine Scheibe Stadtwurst sowie ein Essiggürkchen darauflegen und alles mit einem Zahnstocher fixieren.

TIPP:

Das restliche Brot würfeln und in etwas heißer Butter zu knusprigen Croûtons ausbacken – passt super in jede Suppe. Das Rezept funktioniert genauso gut mit weißem und/oder rotem Pressack oder als vegetarische Alternative mit Backstakäs (Limburger).

WEISSWURST-BREZEN-SPIESSLA

Wenig Aufwand, große Wirkung – das sind die Weißwurst-Brezen-Spießla. Fränkisches Lebensgefühl auf der Zunge und ganz viel Genuss.

WARM & EINFACH • 20 SPIESSE

FÜR DIE SPIESSLA

4 Weißwürste
2 Laugenstangen
süßer Senf
¼ Bund Petersilie

AUSSERDEM

20 Holzspießchen oder Zahnstocher

Die Weißwürste in heißem Wasser 10 Minuten ziehen lassen (nicht kochen), bis sie durchgewärmt sind. Anschließend herausnehmen, die Haut abziehen und die Würste in je fünf gleich große Stücke schneiden. Die Laugenstangen in jeweils zehn Scheiben schneiden.

Jede Laugenscheibe mit einem Stück Weißwurst belegen, 1 Klecks süßen Senf daraufgeben und mit einem Holzspießchen oder Zahnstocher fixieren. Zuletzt noch mit etwas gezupfter Petersilie garnieren.

SAURE BRATWÜRSTE IN DER ZWIEBEL

Die Spezialität, die diesem Rezept zugrunde liegt, ist unter vielen Namen bekannt: Von Saure Zipfel bis Blaue Zipfel oder eben auch Saure Bratwürste, hat dieses Gericht eine lange fränkisch-kulinarische Historie, dessen Erwähnung bis ins 13. Jahrhundert zurückreicht. Es ist längst nicht nur in Franken, sondern weit über die Landesgrenzen hinaus bekannt. Hier kommen die Bratwürste nicht im Sud, sondern in einer Zwiebel daher.

WARM & AUFWENDIGER • 5 ZWIEBELN

FÜR DEN SUD

125 ml Weißweinessig
1 Lorbeerblatt
1 TL Wacholderbeeren
1 EL Senfkörner
1 EL schwarze Pfefferkörner
2–3 TL Zucker
2–3 TL Salz

FÜR DIE WÜRSTE

5 Zwiebeln (mittelgroß bis groß)
5 Nürnberger Bratwürste

Alle Zutaten für den Sud mit 500 ml Wasser in einem Topf zum Kochen bringen.

In der Zwischenzeit die Zwiebeln schälen und mit einem Teelöffel oder Kugelausstecher vorsichtig aushöhlen, bis nur noch die äußerste Schicht übrig ist. Das Innere der Zwiebeln bei Bedarf noch etwas zerkleinern, dann gemeinsam mit den ausgehöhlten Zwiebeln in den kochenden Sud geben und 15 Minuten garen.

Die hohlen Zwiebeln aus dem Wasser nehmen und die Hitze so weit reduzieren, dass der Sud nicht mehr kocht. Erst dann die Bratwürste in den Sud legen und 10 Minuten ziehen lassen.

Die fertigen Bratwürste aus dem Sud nehmen und in je fünf Stücke schneiden. Jede Zwiebel in ein Schälchen setzen und mit Bratwürsten und Zwiebeln füllen. Zum Schluss etwas Sud angießen.

NÜRNBERGER IM SCHLAFROCK

Bratwürste im Schlafrock kennt wohl so gut wie jeder seit frühester Kindheit – auch in Spanien gibt es sie unter dem Namen Salchichas envueltas. *Durch die Nürnberger Rostbratwurst wird daraus die fränkische Tapas-Variante. Klarer Tipp: Auf jeden Fall die 40 Stück machen, denn sie sind schneller weg, als man »Nürnberger Rostbratwürste« sagen kann.*

WARM & EINFACH • 40 PÄCKCHEN

- Butterschmalz zum Anbraten
- 40 Nürnberger Rostbratwürste
- 100 g Tomatenmark
- 2 EL Olivenöl
- 2 TL gemahlene Fenchelsamen
- etwas Mehl zum Arbeiten
- 1 Rolle Blätterteig (aus dem Kühlregal)
- 2 Bio-Eier
- 4 EL Milch
- helle Sesamsamen zum Bestreuen

Den Backofen auf 200 °C (Ober-/Unterhitze) vorheizen, ein Backblech mit Backpapier auslegen.

Etwas Butterschmalz in einer Pfanne erhitzen und die Bratwürste darin anbraten – sie müssen nicht sehr braun werden, nur etwas Farbe bekommen. In der Zwischenzeit das Tomatenmark mit Olivenöl und Fenchelsamen vermischen.

Etwas Mehl auf die Arbeitsfläche streuen und den Blätterteig darauf ausbreiten. Den Teig in 5 cm x 5 cm große Quadrate schneiden und jeweils 1 TL der Tomatencreme diagonal in der Mitte verteilen. Darauf jeweils eine Bratwurst legen.

Die Eier mit der Milch verquirlen und die Flächen rechts und links der Bratwurst mit diesem Gemisch dünn bestreichen. Anschließend die beiden Ecken jeweils über die Bratwurst klappen. Jedes Päckchen nochmals mit ein wenig Ei-Milch-Mischung bestreichen und mit etwas Sesam bestreuen. Nebeneinander auf das Backblech setzen und im Ofen ca. 15 Minuten goldgelb backen. Die fertigen Teigtaschen am besten heiß genießen.

NÜRNBERGER MINI-HOTDOGS

»Drei im Weggla« sind ja fast schon ein Tapas-Gericht an sich – hier gehen wir jedoch noch einen Schritt weiter und überraschen mit Nürnberger Mini-Hotdogs. Nürnberger Bratwürste, Speck, Sauerkraut und Essiggurken – mehr muss man eigentlich nicht sagen, um es zu lieben.

WARM & AUFWENDIGER • 12 HOTDOGS

FÜR DIE HOTDOGS

12 Mini-Hotdog-Brötchen (gekauft oder selbst gemacht, siehe Rezept S. 164)
6 Scheiben Frühstücksspeck (Bacon)
12 Nürnberger Rostbratwürste
400 g Sauerkraut
6 Essiggurken
¼ Bund Schnittlauch
mittelscharfer Senf
Ketchup

AUSSERDEM

eckige, ofenfeste Form (z. B. quadratische Backform)
Butter zum Fetten

Wer die Brötchen für die Hotdogs selbst machen möchte, folgt der Rezeptanleitung auf Seite 164. Statt die zwölf Teiglinge allerdings zu Kugeln zu schleifen, gilt es, sie zunächst zu falten und anschließend länglich zu formen – hierzu die Teigstücke mit der flachen Hand einfach auf der Arbeitsfläche etwas ausrollen und in die Länge ziehen. Die Teiglinge mit wenig Abstand nebeneinander in die mit Butter gefettete Form setzen, sodass sie zwar nach oben, allerdings nur wenig zu allen Seiten aufgehen können – dadurch lassen sich nach dem Backen die einzelnen länglichen Brötchen leicht voneinander trennen. Alle weiteren Schritte wie im Rezept beschrieben ausführen.

Für die Hotdogs den Speck in einer Pfanne ohne Fett knusprig auslassen, dann auf Küchenpapier entfetten. Die Speckstreifen zerbröseln und beiseitestellen.

In derselben Pfanne die Bratwürste rundum anbraten. Parallel dazu das Sauerkraut in einem Topf auf niedriger Stufe erhitzen, die Essiggurken in Streifen und den Schnittlauch in Röllchen schneiden.

Die (fertigen, abgekühlten) Brötchen der Länge nach auf-, aber nicht durchschneiden, und jeweils mit Sauerkraut, einigen Gurkenstreifen sowie einer Bratwurst füllen. Zum Schluss noch etwas Senf und Ketchup daraufgeben, Speckbrösel und Schnittlauch darüberstreuen und sofort servieren.

MINI-FLEISCHKÜCHLE

Wir in Franken sagen bekanntlich »Fleischküchle«, im Rest der Republik spricht man von Fleischpflanzerln, Buletten oder Frikadellen, und in Österreich von faschierten Laibchen – doch egal, wie man die Hackfleischbällchen nennt, eines ist immer gleich: Sie sind unglaublich lecker, und in einer Champignon-Lauch-Sauce serviert, werden sie schnell zum Star jeder Tapas-Party.

WARM & EINFACH • 25–30 BÄLLCHEN

FÜR DIE SAUCE

400 g Champignons
½ Stange Lauch
250 g Sahne
Salz und schwarzer Pfeffer aus der Mühle

FÜR DIE FLEISCHKÜCHLE

500 g grobe Bratwürste (alternativ frisches Bratwurstbrät vom Metzger)
1 Zwiebel
2 Bio-Eier
1 TL mittelscharfer Senf
Salz und schwarzer Pfeffer aus der Mühle
Semmelbrösel
Butterschmalz zum Anbraten

FÜR DAS LAUCHSTROH

5–6 cm Lauch (vom grünen Teil)
Salz
neutrales Pflanzenöl zum Frittieren

ZUM SERVIEREN

25–30 kurze Holzspießchen oder Zahnstocher

AUSSERDEM

Stabmixer

Für die Sauce die Champignons putzen und klein schneiden. Den Lauch putzen, gründlich waschen und in Ringe schneiden.

Für die Fleischküchle die Bratwürste der Länge nach aufschneiden und das Brät herausdrücken. Die Zwiebel fein hacken und zusammen mit Eiern und Senf zum Fleisch geben. Nur leicht mit Salz und Pfeffer würzen (die Bratwürste sind bereits gewürzt). So viel Semmelbrösel zugeben, dass ein gut formbarer Teig entsteht. Etwas Butterschmalz in einer Pfanne erhitzen. Etwa 25–30 Bällchen aus der Hackfleischmasse formen und portionsweise im heißen Butterschmalz braten. Aus der Pfanne nehmen und warm stellen.

In derselben Pfanne die Champignons anbraten, bis sie Farbe bekommen, dann die Lauchringe zugeben und ebenfalls anschwitzen. Sahne zugießen und alles mit Salz und Pfeffer abschmecken. Die Sauce etwas einkochen lassen und anschließend in ein hohes Gefäß umfüllen. Mit dem Stabmixer fein pürieren.

Für das Lauchstroh das Stück Lauch halbieren und gründlich waschen, dann flach drücken und in dünne Streifen schneiden. Die Streifen ca. 30 Sekunden in kochendem Salzwasser blanchieren, dann in Eiswasser abschrecken. Einen Topf ca. 2 cm hoch mit Öl befüllen und erhitzen, dann die Temperatur reduzieren und den Lauch portionsweise darin frittieren. Mit einem Schaumlöffel herausheben, auf Küchenpapier entfetten und salzen.

Jeweils 1–2 EL Sauce in kleine Servierschüsseln geben. Die Fleischküchle mit je einem Holzspießchen spicken und in die Sauce setzen. Mit Lauchstroh toppen.

BRATWURST-ALBONDIGAS

Klassiker trifft Klassiker: Albondigas, also Fleischbällchen in Tomatensauce, gehören zu den bekanntesten und beliebtesten Tapas-Gerichten. In der fränkischen Variante nutzen wir Bratwürste als Basis für die Fleischbällchen. Der Vorteil? Sie bringen ihre Würze schon mit. Mit Tomatensauce und Petersilie garniert, sind die Bratwurst-Albondigas sowohl optisch als auch geschmacklich ein Highlight auf dem Tapas-Tisch.

WARM & AUFWENDIGER • 10 GROSSE ODER 20 KLEINE BÄLLCHEN

FÜR DIE ALBONDIGAS

600 g Bratwürste (alternativ frisches Bratwurstbrät vom Metzger)
Butterschmalz

FÜR DIE SAUCE

Tomatensauce (Rezept S. 163)

ZUM SERVIEREN

Servierschüsseln (nach Belieben)
¼ Bund Petersilie

Die Bratwürste längs aufschneiden, das Brät aus der Hülle pellen und in 10 große oder 20 kleine Bällchen (à ca. 30 g) rollen. Etwas Butterschmalz in einer Pfanne erhitzen und die Bällchen darin rundherum scharf anbraten.

Die Tomatensauce in einer weiteren Pfanne erwärmen und die Bratwurstbällchen darin wenden. Zum Servieren die Albondigas entweder in der Pfanne belassen oder mit Sauce auf Schüsseln verteilen. Mit frisch geschnittener Petersilie bestreuen.

ZWETSCHGEN IM SPECKMANTEL

Wer Datteln im Speckmantel mag, wird Zwetschgen im Speckmantel lieben – und fränkisch ist es obendrein. Allein der Duft bei der Zubereitung macht schon Hunger auf mehr.

WARM & EINFACH • 20 ZWETSCHGEN

FÜR DIE ZWETSCHGEN

10 Scheiben Frühstücksspeck (Bacon)

20 gedörrte Zwetschgen (ohne Stein; alternativ Trockenpflaumen)

1 EL Pflanzenöl bei Bedarf

AUSSERDEM

20 Holzspießchen oder Zahnstocher

Den Backofen auf 200 °C (Umluft) vorheizen. Den Speck quer halbieren, jede Zwetschge mit einem Stück Speck ummanteln und mit einem Holzspießchen feststecken.

Die ummantelten Zwetschgen auf ein mit Backpapier ausgelegtes Backblech legen und im Ofen 10–15 Minuten knusprig backen. Alternativ 1 EL Öl in einer großen Pfanne erhitzen und die Früchte darin rundherum braten. Anschließend auf Küchenpapier entfetten. In einer Schüssel servieren.

TIPP:

Für eine besondere Note etwas Butter und 1 Zweig Rosmarin oder 2–3 Salbeiblätter mit in die Pfanne geben, kurz bevor die Zwetschgen knusprig sind, und diese mit der geschmolzenen Butter arrosieren.

WÜRZBURGER TALER

Diese Taler lassen nicht nur Würzburger Herzen höherschlagen. Die Kombination aus salzig, cremig und fruchtig lässt einem noch Tage später beim Gedanken daran das Wasser im Mund zusammenlaufen.

WARM & EINFACH • 16 TALER

FÜR DEN TEIG

400 g Weizenmehl (Type 405), plus mehr zum Arbeiten
10 g Trockenhefe
2 EL Zucker
1 TL Salz
3 EL Olivenöl

FÜR DEN BELAG

4 rote Zwiebeln
100 g Speck
100 g rote Weintrauben
2 Handvoll Walnusskerne
250 g Sauerrahm
125 g Crème fraîche
Salz
schwarzer Pfeffer aus der Mühle

ZUM SERVIEREN

frische Thymianblättchen
1 EL Traubenkernöl (alternativ Olivenöl)

AUSSERDEM

Teigrolle

Für den Teig das Mehl mit 200 ml lauwarmem Wasser vermischen und 15 Minuten abgedeckt ruhen lassen. Inzwischen Hefe, Zucker und 40 ml lauwarmes Wasser verrühren und ebenfalls kurz stehen lassen – die Hefe wird dadurch bereits aktiviert.

Das Hefewasser zum Mehl geben, Salz und Olivenöl untermengen und alles mindestens 10 Minuten lang zu einem glatten Teig kneten. Den Teig abgedeckt in einer Schüssel ca. 1 Stunde an einem warmen Ort gehen lassen, bis sich sein Volumen verdoppelt hat.

In der Zwischenzeit für den Belag die Zwiebeln in feine Streifen schneiden, den Speck würfeln, die Weintrauben halbieren und die Walnüsse grob hacken. Den Speck in einer Pfanne ohne Fett bei mittlerer Hitze auslassen. Sobald er leicht knusprig wird, die Zwiebelstreifen zugeben und glasig andünsten.

Sauerrahm und Crème fraîche vermischen und mit Salz und Pfeffer würzen – ruhig etwas kräftiger abschmecken.

Den Backofen auf 200 °C (Umluft) vorheizen und zwei große Backbleche mit Backpapier auslegen.

Den Teig aus der Schüssel nehmen und auf einer leicht bemehlten Arbeitsfläche in 16 gleich große Stücke teilen. Diese zu Kugeln formen, ca. 5 mm dünn ausrollen und auf die Backbleche legen. Jeden Taler mit etwas Creme bestreichen, dabei rundum etwa 5 mm Rand lassen. Mit der Speck-Zwiebel-Mischung, Weintrauben und Walnüssen belegen und im Ofen ca. 15 Minuten goldbraun backen.

Kurz vor dem Servieren etwas Thymian über die Taler streuen und mit Traubenkernöl beträufeln.

TIPP:

Für die vegetarische Version der Taler einfach den Speck weglassen.

HOLZFÄLLERBROTE

Dieses Rezept ist vom New Yorker Reuben-Sandwich inspiriert: gepökelter Rinderschinken, Sauerkraut und Käse zwischen zwei Roggenbrotscheiben. Die fränkische Version überzeugt mit Bauernbrot, Speck und ebenfalls Sauerkraut – als belegte Brote in Streifen geschnitten, kann jeder Gast nach Herzenslust zugreifen.

WARM & EINFACH • 12–16 STREIFEN

FÜR DIE SAUCE

1 kleine rote Zwiebel
1 Essiggurke
150 g Mayonnaise
3 EL Ketchup
1 EL Worcestershiresauce
1 EL mittelscharfer Senf
1 EL Sahnemeerrettich
2 TL frisch gepresster Zitronensaft
1 TL edelsüßes Paprikapulver
Salz und schwarzer Pfeffer aus der Mühle
Tabasco

FÜR DAS SPECKKRAUT

150 g Speck
500 g Sauerkraut

ZUM SERVIEREN

3–4 Scheiben Bauernbrot
3–4 Scheiben Emmentaler
¼ Bund Schnittlauch

Die Zwiebel zusammen mit der Essiggurke sehr klein hacken und gemeinsam mit den restlichen Zutaten für die Sauce gründlich verrühren. Mit Salz, Pfeffer und Tabasco abschmecken und für einige Stunden (besser über Nacht) abgedeckt im Kühlschrank durchziehen lassen.

Für das Speckkraut den Speck fein würfeln und in einer Pfanne ohne Fett knusprig braten. Das Sauerkraut zugeben und vorsichtig mit erwärmen.

Den Backofen auf die höchste Stufe (Grillfunktion) vorheizen.

Die Brotscheiben toasten und mit je 1–2 EL der Sauce bestreichen.
Das Speckkraut darauf verteilen und jeweils eine Scheibe Emmentaler obenauflegen. Die Brote nebeneinander auf ein Backblech setzen und den Käse im Ofen kurz schmelzen lassen.

Jedes Brot in 3–4 cm breite Streifen schneiden und mit frisch geschnittenem Schnittlauch bestreuen.

KLOSSTEIG-CROQUETAS DE SPECK

Der Duft von gebratenem Speck allein lässt einem schon das Wasser im Mund zusammenlaufen. Wenn dieser auch noch in Kloßteig gepackt und mit einer herrlichen Tomatensauce abgerundet wird, ergibt das eine Geschmacksexplosion par excellence.

WARM & AUFWENDIGER • CA. 25 CROQUETAS

FÜR DIE CROQUETAS

150 g Speckwürfel

1 Portion Kloßteig (Rezept S. 166, oder 1 kg fertiger Kloßteig halb/halb)

Mehl, 2 Bio-Eier und Semmelbrösel zum Panieren

1 l neutrales Pflanzenöl zum Frittieren oder 1–2 EL Olivenöl zum Backen

ZUM SERVIEREN

Tomatensauce (Rezept S. 163)

Für die Croquetas eine kleine Pfanne erhitzen und den Speck darin knusprig auslassen. Auf Küchenpapier entfetten. Jeweils ca. 40 g Kloßteig mit 1 TL Speck (ca. 5 g) füllen und zu einer runden Kugel formen. Die Croquetas 1 Stunde im Gefrierschrank ruhen lassen.

Die angefrorenen Croquetas anschließend nacheinander in Mehl, verquirltem Ei und Semmelbröseln panieren. Das Öl in einem Topf erhitzen und die Croquetas darin portionsweise goldgelb frittieren. Herausheben und auf Küchenpapier entfetten. Alternativ die Croquetas auf ein mit Backpapier belegtes Backblech legen und vorsichtig mit etwas Olivenöl bepinseln. Bei 200 °C (Umluft) im Backofen etwa 12–15 Minuten goldgelb backen (zwischendurch mehrmals wenden).

Mit der stückigen Tomatensauce (warm oder kalt) servieren.

TIPP:

Als vegetarische Variante die Croquetas mit einem kleinen Stück Mozzarella füllen – dann den Kloßteig allerdings vorher salzen.

SCHWEINEBAUCH-POPS

Knuspriger Schweinebauch darf definitiv bei keinem Grillabend fehlen! In Würfel geschnitten und auf Spießchen gesteckt, wird daraus eine superleckere Tapas-Variante.

WARM & EINFACH • 30 SPIESSE

FÜR DEN SCHWEINEBAUCH

ca. 1 kg Bauchfleisch mit Schwarte

Salz

Pulled Pork Dry Rub (vom Metzger oder aus dem gut sortierten Supermarkt)

BBQ-Sauce zum Bepinseln

AUSSERDEM

30 Schaschlikspieße

Grill oder Grillpfanne

Am Vortag das Fleisch trocken tupfen und die Schwarte vorsichtig in 2 cm x 2 cm große Quadrate ein-, aber nicht bis ins Fleisch durchschneiden. Das Bauchfleisch so in Alufolie packen, dass die Schwarte oben frei bleibt. Diese mit einer ca. 3 mm dicken Schicht Salz bedecken und über Nacht im Kühlschrank durchziehen lassen.

Am nächsten Tag das Fleisch aus dem Kühlschrank nehmen, das Salz abklopfen und den Bauch 1 Stunde Zimmertemperatur annehmen lassen.

Anschließend in Würfel schneiden – hierzu die Einschnitte der Schwarte nutzen – und jeden Würfel auf einen Spieß stecken, dabei nicht ganz durchstechen. Das Fleisch rundherum mit Pulled Pork Dry Rub würzen und die Spieße auf dem Grill von allen Seiten knusprig angrillen.

Zum Schluss rundherum mit BBQ-Sauce bepinseln. Die Spieße mit der Schwarte nach unten auf direkter Flamme grillen und so die Schwarte aufpoppen lassen. Zünftig in einen Bierkrug gesteckt servieren.

MINI-PULLED-SCHÄUFELE-BURGER

Kaum etwas steht mehr für die fränkische Küche als das »Schäufele«. Ganz klar, dass diese Köstlichkeit bei unseren fränkischen Tapas nicht fehlen darf. Das saftige gezupfte Schäufele verbindet sich aromatisch mit der leichten Bitternote des Blaukrauts. Alles in das Brioche-Weggla, auf den Tisch und genießen.

WARM & AUFWENDIGER • 12 MINI-BURGER

FÜR DAS PULLED SCHÄUFELE

3 Schäufele (à ca. 600 g)
mittelscharfer Senf
Salz und schwarzer Pfeffer aus der Mühle
Kümmelsamen (nach Belieben)

FÜR DIE SAUCE

2 Zwiebeln
1 Bund Suppengemüse
500 ml helles Bier
500 ml Gemüsebrühe
2 EL Butterschmalz
1 EL Speisestärke zum Binden

FÜR DAS BLAUKRAUT

400 g Rotkohl
1 TL Salz
1 TL Zucker
4 EL frisch gepresster Zitronensaft
4 EL neutrales Pflanzenöl

ZUM SERVIEREN

12 Brioche-Weggla (Rezept S. 164)

AUSSERDEM

Bräter oder ofenfester Topf

Am Vortag die Schäufele trocken tupfen, die Schwarte mit einem scharfen Messer rautenförmig einritzen, allerdings nicht bis ins Fleisch schneiden. Das Fleisch rundherum dünn mit Senf bestreichen und anschließend mit Salz, Pfeffer sowie nach Belieben mit Kümmel würzen. Jedes Schäufele einzeln so in Alufolie wickeln, dass die Schwarte frei bleibt. Diese mit einer ca. 3 mm dicken Schicht Salz bestreuen. Im Kühlschrank über Nacht durchziehen lassen.

Am nächsten Tag die Brioche-Weggla wie beschrieben zubereiten. Das Fleisch aus dem Kühlschrank nehmen und ca. 1 Stunde Zimmertemperatur annehmen lassen.

Anschließend den Backofen auf 140 °C (Umluft) vorheizen.

Für die Sauce Zwiebeln und Suppengemüse putzen und grob schneiden. Bier und Gemüsebrühe mischen. In einem Bräter das Butterschmalz zerlassen und die Zwiebeln darin goldgelb anschwitzen. Das Suppengemüse zugeben. Die Schäufele aus der Alufolie wickeln und mit der Schwarte nach oben auf das Gemüse setzen. So viel Bier-Brühe-Mischung angießen, bis maximal die Schäufeleknochen bedeckt sind.

Den Bräter auf der untersten Schiene in den Ofen schieben und das Fleisch mindestens 3–4 Stunden garen. Zwischendurch immer wieder etwas von der Bier-Brühe-Mischung nachgießen. Sollte die Schwarte zu dunkel werden, den Bräter mit Alufolie abdecken.

In der Zwischenzeit den Rotkohl fein schneiden, mit Salz, Zucker, Zitronensaft und Öl vermengen, kurz durchkneten und mindestens 1 Stunde marinieren.

Nach Ende der Garzeit die Schäufele herausnehmen, die Schwarte vom Fleisch trennen und beiseitelegen. Das Fleisch in Alufolie wickeln und im Ofen warm halten (diesen nicht ausschalten).

Die Flüssigkeit aus dem Bräter durch ein Sieb in einen Topf passieren, aufkochen und mit etwas Stärke binden. Sollte sich sehr viel Fett in der Sauce abgesetzt haben, dieses am besten vor dem Aufkochen entfernen (siehe Tipp).

Das Fleisch aus der Alufolie nehmen und in eine Schüssel zupfen – das geht am besten mit den Fingern oder zwei Gabeln. Den Knochen und größere Fettstücke entsorgen. Ein wenig Sauce zum Fleisch geben und gut vermengen.

Die Schwarte auf ein mit Backpapier belegtes Backblech legen und unter dem Backofengrill bei 250 °C ca. 10 Minuten aufknuspern. Anschließend klein hacken. Die Weggla aufschneiden und im Toaster kurz anrösten.

Jedes abwechselnd mit etwas Kraut und Fleisch füllen. Die Kruste gleichmäßig auf die Brötchen verteilen und nach Belieben nochmals etwas Sauce darüberträufeln.

Fotos auf den nächsten Seiten.

TIPP:

Zum Entfetten der Sauce einen Gefrierbeutel in ein hohes Gefäß stellen und die Flüssigkeit aus dem Bräter hineingießen. Nach ca. 10 Minuten setzt sich das Fett oben auf der Sauce ab. Den Gefrierbeutel vorsichtig unten aufschneiden und die entfettete Sauce langsam in das Gefäß laufen lassen.

KNUSPRIGER MINI-SCHWEINEBRATEN MIT KLÖSSEN UND BLAUKRAUT

Dieses Gericht ist ein absolutes Highlight, und das nicht nur sonntags. Egal ob im Tapas-Format oder als normale Familienportion, die Kunst liegt hier sicherlich in saftigem Fleisch und einer röschen Kruste – wie das gelingt, erfahrt ihr hier.

WARM & AUFWENDIGER • 4–6 PORTIONEN

FÜR DEN BRATEN

1 kg Schweinefleisch mit Schwarte (aus der Schulter)
Bratengewürzmischung
Salz
1 Zwiebel
ca. 300 ml hochwertige Bratensauce
schwarzer Pfeffer aus der Mühle

FÜR DIE KNÖDEL

180 g Kloßteig (halb/halb; ergibt ca. 6 Mini-Klöße)
Salz

ZUM SERVIEREN

200–250 g Blaukraut (aus dem Glas)
¼ Bund Petersilie

AUSSERDEM

Fleischthermometer

Am Vortag das Fleisch trocken tupfen und die Schwarte vorsichtig rautenförmig ein-, aber nicht bis zum Fleisch durchschneiden. Das Fleisch auf die Schwartenseite legen und in vier bis sechs Portionen teilen. Jeden Fleischwürfel rundherum mit Bratengewürzmischung einreiben und anschließend so in Alufolie packen, dass die Schwarte oben frei bleibt. Diese mit einer ca. 3 mm dicken Schicht Salz bedecken und über Nacht im Kühlschrank durchziehen lassen.

Am nächsten Tag das Fleisch aus dem Kühlschrank nehmen, das Salz abklopfen und ca. 1 Stunde Zimmertemperatur annehmen lassen. Den Backofen auf 100 °C (Ober-/Unterhitze) vorheizen.

Die Zwiebel grob schneiden und gemeinsam mit der Bratensauce in eine feuerfeste Form geben. Die Fleischwürfel mit der Schwarte nach oben in die Form setzen und im Ofen garen, bis eine Kerntemperatur von 70 °C erreicht ist (ca. 1 ½–2 Stunden).

Inzwischen den Kloßteig zu golfballgroßen Klößen (à ca. 30 g) rollen und in reichlich simmerndem (nicht kochendem!) Salzwasser etwa 12–15 Minuten ziehen lassen – die Klöße sind fertig, wenn sie aufschwimmen.

Das Blaukraut in einem Topf bei geringer Hitze erwärmen und warm halten.

Sobald die Kerntemperatur erreicht ist, das Fleisch aus der Sauce nehmen und diese durch ein Sieb in einen kleinen Topf passieren. Nochmals kurz aufkochen und gegebenenfalls mit Salz und Pfeffer abschmecken.

Das Fleisch auf ein mit Backpapier belegtes Backblech setzen und die Schwarte unter dem Backofengrill auf höchster Stufe aufknuspern. Achtung, das geht recht schnell, den Ofen daher nicht aus den Augen lassen!

Jeweils ein Stück Bratenfleisch mit Kloß, etwas Blaukraut und Sauce anrichten und mit frisch geschnittener Petersilie bestreut servieren.

LEBERKÄSRÖLLCHEN MIT HONIG-SENF-DIP

Bei diesen kleinen Häppchen muss man einfach zugreifen! Mit fein geschnittenen Essiggurken und Radieschen gefüllt, fehlt nur noch die Kresse fürs perfekte Bild – vom Geschmack ganz zu schweigen.

KALT & GUT VORZUBEREITEN • 10 RÖLLCHEN

FÜR DIE RÖLLCHEN

5 Radieschen

Salz

5 sehr dünne Scheiben Leberkäse

5 kleine Essiggurken (Cornichons)

1 Kästchen Kresse

FÜR DEN DIP

70 g Mayonnaise

1 EL Dijonsenf

2 EL mittelscharfer Senf

3 EL Honig

1 Schuss Apfelessig

Salz

Die Radieschen sehr dünn aufschneiden, in eine Schüssel geben, salzen und ca. 10–15 Minuten durchziehen lassen.

Inzwischen die Leberkäsescheiben sowie die Cornichons der Länge nach halbieren. Die Leberkäsescheiben dünn mit den Radieschen belegen, jeweils eine halbe Gurke darauflegen und alles zusammen einrollen. Die Kresse abschneiden und jeweils ein kleines Sträußchen auf die fertigen Röllchen setzen.

Für den Dip alle Zutaten mischen und mit etwas Salz abschmecken. Mit den Leberkäsröllchen servieren.

MINI-LEBERKÄS-BURGER

Leberkäse wird zumeist entweder »im Weggla« unterwegs gegessen oder aber als Hauptmahlzeit mit Spinat, Kartoffeln und Spiegelei. Beides superlecker – warum also nicht eine Kombination daraus kreieren? Perfekt als Miniversion für die nächste Tapas-Party.

WARM & EINFACH • 10 BURGER

FÜR DIE BAGGERS

600 g vorwiegend festkochende Kartoffeln
ca. 50 g Weizenmehl (Type 405)
Salz und schwarzer Pfeffer aus der Mühle
frisch geriebene Muskatnuss
Butterschmalz zum Ausbacken

FÜR DIE BURGER

½ Schalotte
1 EL Butter
200 g Babyspinat
10 Wachteleier
10 Mini-Partybrötchen (ggf. beim Bäcker vorbestellen)
10 sehr dünne Scheiben Leberkäse
etwas süßer Senf (nach Belieben)

AUSSERDEM

Küchenreibe

Den Backofen auf 80 °C (Umluft) vorheizen.

Für die Baggers die Kartoffeln schälen und auf der Küchenreibe fein reiben. Die Masse anschließend in ein Küchentuch geben und die Flüssigkeit herauspressen – es sollten ca. 500 g Kartoffelmasse übrig bleiben. Die Kartoffeln wiegen und ein Zehntel Mehl (bei 500 g Kartoffelmasse entsprechend 50 g Mehl) hinzugeben. Mit Salz, Pfeffer und Muskatnuss würzen und gründlich vermengen.

Jeweils 50 g Kartoffelmasse zu einer Kugel formen und anschließend so flach wie möglich drücken. Jeder Taler sollte ca. 5 cm Durchmesser haben.

2 EL Butterschmalz in einer Pfanne erhitzen und die Baggers darin portionsweise goldgelb ausbacken. Herausnehmen und auf Küchenpapier entfetten. Bei Bedarf zwischendurch weiteres Butterschmalz zugeben. Die fertigen Taler im Ofen warm halten, bis alle Baggers gebraten sind.

Für die Burger die Schalotte fein schneiden. Die Hälfte der Butter in der Baggers-Pfanne zerlassen und die Schalotte darin andünsten. Den Spinat zugeben und miterhitzen, bis er zusammengefallen ist.

Die Wachteleier aufschlagen und in der restlichen Butter in einer weiteren Pfanne zu Spiegeleiern braten.

Die Brötchen halbieren. Die untere Hälfte zunächst mit etwas Spinat und einem Baggers belegen. Eine Scheibe Leberkäse sowie nach Belieben 1 Klecks süßen Senf daraufgeben. Mit einem Spiegelei und der oberen Brötchenhälfte abschließen.

ROULADEN-SUSHI MIT KARTOFFELSTROH

Dies ist eines meiner Lieblingsgerichte. Das feine Roastbeef zergeht auf der Zunge und bekommt durch Zwiebeln und Cornichons eine herrlich leckere Rouladen-Note, die Lust auf mehr macht. Bratensauce und Kartoffelstroh sind im wahrsten Sinne das i-Tüpfelchen.

KALT & AUFWENDIGER • 10–12 ROULADEN

FÜR DAS KARTOFFELSTROH

200 g festkochende Kartoffeln

Mehl zum Bestäuben

neutrales Pflanzenöl zum Frittieren

Salz

FÜR DIE ROULADEN

1 Zwiebel

8 kleine Essiggurken (Cornichons)

250 ml hochwertige Bratensauce

20 sehr dünne Scheiben rosa gegartes Roastbeef

4–6 TL mittelscharfer Senf

ZUM SERVIEREN

¼ Bund Schnittlauch

AUSSERDEM

Küchenreibe nach Bedarf

Küchenthermometer

Für das Kartoffelstroh die Kartoffeln schälen und in möglichst dünne und feine Streifen schneiden oder hobeln. Anschließend in eine Schüssel mit Wasser legen und ca. 30 Minuten stehen lassen – dadurch wäscht sich die Stärke aus den Kartoffeln und sie werden später knuspriger.

Für die Rouladen die Zwiebel zusammen mit den Essiggurken sehr klein schneiden. Die Bratensauce in einem Topf bei mittlerer Hitze um etwa die Hälfte einreduzieren. Zwei Drittel der Sauce in eine Spritzflasche füllen und erkalten lassen. Zwiebel und Gurken in die verbleibende Sauce geben und etwa 1 Minute köcheln lassen, dann durch ein Sieb passieren und die Zwiebel-Gurken-Mischung abkühlen lassen.

In der Zwischenzeit eine Lage Frischhaltefolie auf der Arbeitsplatte ausbreiten und fünf Roastbeefscheiben nebeneinander darauflegen – die Scheiben sollten sich dabei leicht überlappen. Das Roastbeef mit 1–1 ½ TL Senf dünn bestreichen. Ein Viertel der Zwiebel-Gurken-Masse darauf verteilen. Eine zweite Schicht Roastbeef, Senf, Zwiebel und Gurken daraufgeben und das Ganze mithilfe der Frischhaltefolie längs zu einer engen Roulade wickeln. Die Rolle in fünf oder sechs Teile schneiden und jeweils mit etwas von der eingedickten Bratensauce beträufeln. Die Schritte für die zweite Rolle wiederholen und die Zutaten aufbrauchen.

Die Kartoffeln aus dem Wasser nehmen, trocken tupfen und mit etwas Mehl bestäuben – hierzu am besten das Mehl durch ein Sieb über die ausgebreiteten Kartoffelstreifen stäuben. Reichlich Öl in einem Topf erhitzen (ca. 180 °C) und die Kartoffeln darin kurz goldbraun frittieren. Herausheben und auf Küchenpapier entfetten.

Das Kartoffelstroh salzen und oben auf die Rollen setzen. Mit frisch geschnittenem Schnittlauch garnieren.

SCHNITZELSTREIFEN MIT LAUCH-RAHM-DIP

Ausgefallen und doch einfach in der Zubereitung sind diese Schnitzelstreifen – und sie schmecken wirklich jedem. Der Lauch-Rahm-Dip gibt dem Ganzen das besondere Etwas. Für einen Frischekick einfach noch ein paar Zitronen- oder Limettenspalten dazulegen.

WARM & EINFACH • 15–20 SCHNITZELSTREIFEN

FÜR DIE SCHNITZEL

300 g Hähnchen- oder Schweineschnitzel
150 g Buttermilch
100 g Cornflakes
4 EL Weizenmehl (Type 405)
2 TL edelsüßes Paprikapulver
1 TL Salz
½ TL schwarzer Pfeffer aus der Mühle
100 g Butterschmalz (nach Belieben)

FÜR DEN DIP

500 g Lauch
2 EL neutrales Pflanzenöl
75 ml Gemüsebrühe
75 g Sahne
Salz und schwarzer Pfeffer aus der Mühle

ZUM SERVIEREN

Zitronen- oder Limettenspalten

AUSSERDEM

Mixer

Die Schnitzel mit Küchenpapier trocken tupfen, in Streifen schneiden und 30 Minuten in Buttermilch einlegen. Die in der Buttermilch enthaltenen Milchsäurebakterien machen das Fleisch besonders zart und sorgen dafür, dass es saftig bleibt.

Die Cornflakes in einem Mixer fein mahlen und mit Mehl, Paprika, Salz und Pfeffer mischen. Die Schnitzelstreifen aus der Buttermilch heben und in der Cornflakes-Panade wenden. Dabei die Panade leicht andrücken.

Anschließend die Streifen entweder in einer Pfanne in Butterschmalz goldbraun ausbacken oder im vorgeheizten Backofen bei 220 °C (Umluft) auf einem mit Backpapier ausgelegten Backblech ca. 15–20 Minuten goldbraun backen – dabei einmal wenden.

In der Zwischenzeit für den Dip den Lauch gründlich waschen, der Länge nach vierteln und klein schneiden. In einer Pfanne das Öl erhitzen und den Lauch darin unter ständigem Rühren glasig dünsten. Mit Gemüsebrühe ablöschen und ca. 10 Minuten bei geringer Hitze abgedeckt köcheln lassen. Sobald der Lauch weich ist, die Sahne zugießen, alles noch einmal aufkochen bzw. auf die gewünschte Konsistenz einkochen lassen, dann mit Salz und Pfeffer abschmecken.

Den Dip in Schälchen füllen und gemeinsam mit den Schnitzelstreifen sowie einigen Zitronen- oder Limettenspalten servieren.

TIPP:

Wahlweise schmeckt auch eine Chili-Mayonnaise super dazu – hierfür einfach 100 g Mayonnaise mit 2 TL Sriracha und etwas Zitronensaft vermischen.

Saiblings- & Gurken-Tatar-Taler
Zanderhäppchen in fruchtiger Tomatensauce
Gebackene Karpfenfiletstreifen mit
fränkischer Aji Verde
Sandwiches mit Apfel-Forellen-Mousse
Knusprige Baggers-Taler mit Apfel-Rettich-Salat & Räucherlachs
Pfannkuchen-Tacos mit Lachs & Frischkäse
Fränkische Edelkrebs-Brötchen
Knoblauch(sland)-Garnelen

FISCH & MEERESTIERE

SAIBLINGS- UND GURKEN-TATAR-TALER

Diese Kombination lässt Genießerherzen höherschlagen! Nicht nur optisch, sondern auch geschmacklich ein Gericht, bei dem man zum »Wiederholungstäter« wird. Das feste, saftige Fleisch des Saiblings eignet sich hervorragend, um als Tatar verarbeitet zu werden, und fügt sich harmonisch in das Geschmacksbild von Gurke und Buttermilch.

KALT & AUFWENDIGER • 10–12 TALER

FÜR DAS TATAR

1 Bio-Salatgurke
Salz
Zucker
schwarzer Pfeffer aus der Mühle
1 Schuss Weißweinessig
1 Schuss Buttermilch
250 g enthäutetes Saiblingsfilet (am besten den Fischhändler darum bitten)

ZUM SERVIEREN

1–2 EL Crème fraîche
etwas Abrieb von 1 unbehandelten Bio-Zitrone
3–4 Scheiben Sandwich-Toast
¼ Bund Schnittlauch

AUSSERDEM

Mixer
Spritzbeutel
Ausstechring (4 cm Ø)

Die Gurke waschen, halbieren und eine Hälfte in feine Würfel schneiden. Leicht salzen. Die andere Hälfte im Mixer fein pürieren und durch ein Küchentuch passieren, sodass nur der Saft übrig bleibt. Diesen mit Salz, Zucker, Pfeffer sowie je 1 Schuss Weißweinessig und Buttermilch abschmecken.

Das Saiblingsfilet gegebenenfalls entgräten. Den Fisch in kleine Würfel schneiden, etwas salzen und mit einigen TL des Gurkensuds marinieren. Kurz durchziehen lassen. Die Gurkenwürfel ebenfalls mit einigen TL Gurkensud marinieren.

Crème fraîche mit einem Hauch Zitronenabrieb verfeinern und in einen Spritzbeutel füllen.

Die Toastscheiben rösten und mit dem Ausstechring 10–12 Taler ausstechen. Jeden Toast im Ring mit 1 ½ TL Saiblingstatar sowie 1 ½ TL Gurkentatar füllen. Mit einem Teelöffel leicht andrücken, dann auf einen Teller setzen. Einen kleinen Tupfer Crème fraîche aufspritzen, mit frisch geschnittenem Schnittlauch bestreuen sowie etwas Zitronenschale darüberreiben.

ZANDERHÄPPCHEN IN FRUCHTIGER TOMATENSAUCE

Zander findet man mit ziemlicher Sicherheit auf fast jeder fränkischen Wirtshauskarte – und das hat durchaus seine Berechtigung. Sein besonders leichter Eigengeschmack harmoniert perfekt mit frischen Aromen und macht ihn so zum Genuss auf jedem Teller. Eine mediterrane Note erhält dieser Klassiker durch frischen Knoblauch, Tomaten und Basilikum. Knusprig-frisches Baguette dazu, und fertig ist der Gaumenschmaus.

WARM & AUFWENDIGER • 3–4 PORTIONEN

FÜR DEN FISCH

300 g Zanderfilet
Salz und schwarzer Pfeffer aus der Mühle
edelsüßes Paprikapulver
Chilipulver (nach Belieben)
2 EL Olivenöl
2 Zwiebeln
2–3 Knoblauchzehen
8 Romatomaten
½ Bund Basilikum
100 ml Gemüsebrühe
80 g Blattspinat

ZUM SERVIEREN

natives Olivenöl extra
1 Baguette

Den Zander waschen, trocken tupfen und mit Haut in beliebig große Häppchen schneiden. Dabei das Fleisch auf verbliebene Gräten prüfen und diese gegebenenfalls entfernen. Den Fisch mit Salz, Pfeffer, Paprika- sowie nach Belieben Chilipulver würzen. Das Olivenöl in einer Pfanne erhitzen und den Zander darin zunächst auf der Hautseite etwa 2–3 Minuten anbraten (je nach Dicke der Filets). Anschließend wenden und die Oberseite garen. Aus der Pfanne nehmen und beiseitestellen.

Zwiebeln und Knoblauch fein hacken und in derselben Pfanne wie den Fisch andünsten, bis sie weich sind. Die Tomaten würfeln, dabei den Strunk entfernen. Zusammen mit Basilikum und Gemüsebrühe in die Pfanne geben und alles kurz aufkochen. Dann die Hitze reduzieren, Spinat zufügen und, sobald dieser zusammengefallen ist, den Zander zurück in die Pfanne setzen, um den Fisch wieder kurz zu wärmen.

Vor dem Servieren mit nativem Olivenöl extra beträufeln und frisches Baguette dazureichen.

GEBACKENE KARPFEN-FILETSTREIFEN MIT FRÄNKISCHER AJI VERDE

Wer auf der Suche nach einer Tapa ist, die einfach in der Zubereitung ist, aber trotzdem einiges hermacht, hat mit den gebackenen Karpfenfiletstreifen mit fränkischer Aji Verde das perfekte Gericht gefunden. Die klassische Version der beliebten Sauce enthält Koriander, hier wird jedoch Petersilie verwendet. Ein Hit für die ganze Familie!

WARM & EINFACH • 8–10 STREIFEN

FÜR DIE AJI VERDE

100 g Mayonnaise
50 g griechischer Joghurt
2 Knoblauchzehen
1 Handvoll Jalapeños (aus dem Glas)
1 Bund Petersilie
2 EL frisch gepresster Zitronensaft
2 EL natives Olivenöl extra
½ TL Salz
¼ TL schwarzer Pfeffer aus der Mühle

FÜR DIE KARPFEN-FILETSTREIFEN

600 g Karpfenfilet
Salz und schwarzer Pfeffer aus der Mühle
etwas frisch gepresster Zitronensaft
1 Bio-Ei + 2 EL Milch, Mehl, Pankobrösel (für mehr Textur, alternativ Semmelbrösel) zum Panieren
Butterschmalz zum Ausbacken

AUSSERDEM

Mixer
Küchenthermometer

Für die Aji Verde alle Zutaten im Mixer zu einem feinen Dip pürieren und beiseitestellen.

Die Karpfenfilets waschen, trocken tupfen und mit Salz, Pfeffer und ein paar Spritzern Zitronensaft würzen. Anschließend in ca. 3 cm breite Streifen schneiden.

Ei und Milch in einer Schüssel verquirlen und zusammen mit Mehl und Panko zum Panieren bereitstellen. (Damit die Panade eine schöne goldgelbe Farbe bekommt, empfiehlt es sich, die Pankobrösel vorher im Ofen leicht anzutoasten. Hierzu die Brösel einfach auf einem Backblech ausbreiten und im vorgeheizten Backofen bei 200 °C Ober-/Unterhitze einige Minuten leicht braun werden lassen.)

Jeden Karpfenstreifen zunächst in Mehl wenden, dann durch die Ei-Milch-Mischung und anschließend durch die Pankobrösel ziehen.

Reichlich Butterschmalz auf etwa 180 °C erhitzen und die Filetstreifen darin schwimmend ausbacken. Um zu verhindern, dass der Fisch trocken wird, sollte man ihn nicht zu lange in der Pfanne braten.

Die Filets aus der Pfanne nehmen, kurz auf Küchenpapier entfetten und zusammen mit der Aji Verde sofort servieren.

TIPP:

Die Aji Verde passt auch hervorragend zu Garnelen, Hähnchen oder Steak.

SANDWICHES MIT APFEL-FORELLEN-MOUSSE

Das Zusammenspiel von Forelle und Apfel ist ein geschmacklicher Volltreffer. Die hier verwendeten Tramezzini-Brote kommen ursprünglich aus Italien, haben sich aber über die letzten Jahre – zurecht – auch im fränkischen Raum einen Namen gemacht und erfreuen sich hier großer Beliebtheit. Gefüllt mit der fein abgeschmeckten Mousse, entsteht so ein wahrer Gaumenschmaus.

KALT & EINFACH • 14 SANDWICHES

FÜR DIE MOUSSE

150 g Crème fraîche

50 g Naturjoghurt

200 g geräuchertes Forellenfilet

etwas frisch gepresster Zitronensaft

Salz und schwarzer Pfeffer aus der Mühle

1 Bio-Apfel

¼ Bund Schnittlauch

ZUM SERVIEREN

1 Pck. Pane per Tramezzini (à 4 Scheiben)

AUSSERDEM

Mixer

Crème fraîche mit Joghurt und Forellenfilet im Mixer zu einer feinen Paste pürieren. Mit Zitronensaft, Salz und Pfeffer abschmecken.

Den Apfel waschen und in sehr kleine Würfel schneiden, dabei das Kerngehäuse entfernen. 3–4 TL davon mit frisch geschnittenem Schnittlauch vermischen, den Rest unter die Forellenmasse heben.

Zwei der Brotscheiben mit jeweils der Hälfte der Masse bestreichen und mit den übrigen Scheiben bedecken. Die Sandwiches in ca. 3 cm breite Streifen schneiden, aufstellen und die Apfel-Schnittlauch-Mischung darauf verteilen.

KNUSPRIGE BAGGERS-TALER MIT APFEL-RETTICH-SALAT UND RÄUCHERLACHS

Hochdeutsch: Kartoffelpuffer – Fränkisch: Baggers! Egal, wie man die köstlichen Kartoffeltaler nennt, sie sind einfach lecker. Und in unserer kleinen Variante, verfeinert mit einem knackigen Apfel-Rettich-Salat und Räucherlachs, werden diese Häppchen zum Star auf dem Tisch.

WARM & AUFWENDIGER • 10 BAGGERS-TALER

FÜR DEN SALAT

80 g Crème fraîche
1 EL Mayonnaise
1 Schuss Apfelessig
Salz und schwarzer Pfeffer aus der Mühle
getrocknete Kräuter (z. B. Petersilie, Dill, Schnittlauch, Oregano; nach Belieben)
200 g Rettich
1 Bio-Apfel (Royal Gala oder Pink Lady)

FÜR DIE BAGGERS

600 g vorwiegend festkochende Kartoffeln
ca. 50 g Weizenmehl (Type 405)
Salz und schwarzer Pfeffer aus der Mühle
frisch geriebene Muskatnuss
Butterschmalz zum Ausbacken

ZUM SERVIEREN

5 Scheiben Räucherlachs
Sahnemeerrettich
frischer Dill

AUSSERDEM

Küchenreibe
Ausstechring (5 cm Ø)

Für den Salat Crème fraîche und Mayonnaise verrühren. Mit 1 Schuss Apfelessig, Salz, Pfeffer sowie nach Belieben weiteren Kräutern abschmecken.

Den Rettich schälen und mit dem Sparschäler in dünne Scheiben schneiden. Die einzelnen Scheiben wieder aufeinanderlegen und mit einem scharfen Messer zu dünnen Stiften schneiden. Den Apfel waschen, vierteln, das Kerngehäuse entfernen und jedes Viertel mit Schale in dünne Streifen schneiden.

Rettichstifte und Apfelstreifen mit der angerührten Crème fraîche vermengen und 10 Minuten durchziehen lassen.

Für die Baggers die Kartoffeln schälen, waschen und mit der Küchenreibe sehr fein reiben. Die Kartoffeln anschließend in ein Küchentuch geben und die Flüssigkeit herauspressen – die verbleibende Menge Kartoffeln sollte ca. 500 g ergeben. Die Masse wiegen und ein Zehntel Mehl (bei 500 g Kartoffeln entsprechend 50 g Mehl) hinzufügen. Mit Salz, Pfeffer und Muskatnuss würzen und gründlich vermengen.

Den Backofen auf 80 °C (Umluft) vorheizen.

Jeweils 50 g Kartoffelmasse zu einer Kugel formen und anschließend so flach wie möglich drücken. Jeder Taler sollte ca. 5 cm Durchmesser haben.

2 EL Butterschmalz in einer Pfanne erhitzen und die Baggers darin portionsweise goldgelb ausbacken. Herausnehmen und auf Küchenpapier entfetten. Bei Bedarf zwischendurch weiteres Butterschmalz zugeben. Die fertigen Taler im Ofen warm halten, bis alle Baggers gebacken sind.

Nach Belieben die Baggers mit einem Ausstecher kreisrund ausstechen, dann mit etwas Apfel-Rettich-Salat, einer halben Scheibe Räucherlachs sowie 1 Klecks Sahnemeerrettich bestücken. Kurz vor dem Servieren noch etwas frisch gezupften Dill darüberstreuen.

Fotos auf den nächsten Seiten.

TIPP:

Die Baggers-Taler schmecken warm am besten, daher Salat, Lachs, Sahnemeerrettich und Dill schon bereitstellen, damit es beim Anrichten schnell geht.

PFANNKUCHEN-TACOS MIT LACHS UND FRISCHKÄSE

Dieses Tapa eignet sich perfekt als Willkommensgruß zu einem Glas Sekt. Geräucherter Lachs in einer Frischkäsecreme, in fluffige Pfannkuchen gehüllt, bilden den perfekten Start in den Tapas-Abend.

KALT & EINFACH • 15–18 TACOS

FÜR DIE PFANNKUCHEN
400 g Weizenmehl (Type 405)
400 ml Milch
4 Bio-Eier
1 Prise Zucker
1 Prise Salz
Mineralwasser bei Bedarf
Butterschmalz zum Ausbacken

FÜR DIE FÜLLUNG
300 g Frischkäse (Doppelrahmstufe)
100 g Crème fraîche
Sahnemeerrettich
Salz und schwarzer Pfeffer aus der Mühle
2 Handvoll Rucola
15–18 Scheiben Räucherlachs
15–18 Schnittlauchhalme

AUSSERDEM
Ausstechring (10 cm Ø)

Für die Pfannkuchen Mehl, Milch, Eier, Zucker und Salz zu einem glatten Teig verrühren. Bei Bedarf Mineralwasser zugießen, bis ein leicht flüssiger Teig entsteht.

In einer großen Pfanne etwas Butterschmalz erhitzen und fünf bis sechs dünne Pfannkuchen portionsweise aus dem Teig ausbacken. Anschließend aus jedem Pfannkuchen drei runde Taler ausstechen und vollständig abkühlen lassen.

Für die Füllung Frischkäse und Crème fraîche mischen und mit Sahnemeerrettich, Salz und Pfeffer abschmecken.

Jeden Pfannkuchentaler mit Frischkäsecreme bestreichen und zu einem Taco formen. Mit etwas Rucola sowie je einer Scheibe Räucherlachs füllen und mit einem Schnittlauchhalm in Form binden. Warm oder kalt servieren.

TIPP:

Die Pfannkuchenreste in dünne Streifen schneiden und als Suppeneinlage genießen.

FRÄNKISCHE EDELKREBS-HÄPPCHEN

Es gibt sie wirklich: Flusskrebse aus Franken. Knuspriges Baguette trifft hier auf den feinen, leicht nussigen Geschmack der Flusskrebse, und wird durch eine cremige Dill-Zitronen-Note abgerundet. Etwas aufwendiger in der Zubereitung, aber das ist es allenfalls wert.

KALT & AUFWENDIGER • 6–8 BROTE

FÜR DIE MAYONNAISE

1 Bund Dill

2 Handvoll Blattspinat

5 EL Mayonnaise

1 EL frisch gepresster Zitronensaft

Salz

FÜR DIE KREBSE

12 gegarte küchenfertige Edelkrebse

2 TL Sahnemeerrettich

ZUM SERVIEREN

1 großes oder 2 kleine Baguettes

¼ Bund Schnittlauch

AUSSERDEM

Eiswasser

Stabmixer

Für die Mayonnaise Dill und Spinat grob zerkleinern und 10–15 Sekunden in kochendem Wasser blanchieren, anschließend in einer Schüssel mit Eiswasser abschrecken. Unter die Mayonnaise heben und mit dem Stabmixer fein pürieren. Mit Zitronensaft und Salz abschmecken.

Die Flusskrebse in Würfel schneiden und mit Sahnemeerrettich marinieren.

Das Baguette in sechs bis acht Portionen teilen, dann jedes Stück an der Oberseite auf-, aber nicht durchschneiden. Leicht auseinanderziehen, um die Brote besser befüllen zu können.

Mit den marinierten Flusskrebsen füllen und mit 1–2 TL der Dill-Zitronen-Mayonnaise beklecksen. Zum Schluss mit ein wenig frisch geschnittenem Schnittlauch garnieren.

KNOBLAUCH(SLAND)-GARNELEN

Im Knoblauchsland im Städtedreieck zwischen Nürnberg, Fürth und Erlangen wird bereits seit dem Mittelalter Gemüse angebaut. Es ist eines der größten zusammenhängenden Gemüseanbaugebiete Deutschlands und versorgt die Region u. a. mit frischem Spinat, süß-fruchtigen Tomaten und Knoblauch – gepaart mit Garnelen wird daraus eine Geschmacksexplosion.

WARM & EINFACH • 12–15 GARNELEN

FÜR DIE GARNELEN

12–15 Garnelen (8/12)
3 Knoblauchzehen
1 TL Kreuzkümmel
1 TL edelsüßes Paprikapulver
1 TL Chilipulver
3 EL Olivenöl

FÜR DIE SAUCE

1 große Tomate
1 Schuss Weißweinessig
50 g Butter
Salz und schwarzer Pfeffer aus der Mühle
60 g Blattspinat

ZUM SERVIEREN

Baguette oder anderes Brot

Die Garnelen waschen, trocken tupfen und gegebenenfalls den Darm entfernen. Den Knoblauch pressen und mit Gewürzen und Olivenöl vermengen. Die Garnelen darin 15 Minuten marinieren.

Die Unterseite der Tomate mit einem scharfen Messer kreuzweise einritzen und die Tomate für 30 Sekunden in kochendem Wasser blanchieren, danach sofort mit kaltem Wasser abschrecken. So lässt sich die Haut ganz leicht lösen. Die Tomate häuten und vierteln, die Samen entfernen und das Fruchtfleisch fein würfeln.

In einer heißen Pfanne die Garnelen von beiden Seiten kurz anbraten. Mit 1 Schuss Weißweinessig ablöschen und die Tomatenwürfel zugeben. Die Hitze reduzieren. Sobald der Essig verkocht ist, die Butter zugeben und schmelzen lassen. Die Sauce mit Salz und Pfeffer abschmecken. Zuletzt den Spinat zufügen und sofort servieren, sobald dieser zusammenzufallen beginnt. Direkt aus der Pfanne heraus servieren und Baguette dazureichen.

Geschichtete Patatas Bravas mit Joghurt-Knoblauch-Sauce
Kartoffelrosen mit Kräuterquark
Soß im Kloß
Semmelknödel mit Petersilienpesto & Sauerkraut
Brezensalat
Sauerkraut-Empanadas
Bärlauch-Muffins
Mini-Blätterteig-Knusperstangen
G'rupfte Cupcakes
Fränkischer Ziegenkäse-Blootz mit Birnen
Schwarzbrot-Nachos mit Erdbeersalsa
Zwetschgen-Feta-Brote
Rote-Bete-Carpaccio mit Himbeeren,
Burrata & Basilikum-Minze-Pesto
Kürbis-Schnitten
Champignons im Bierteig mit Rote-Bete-Dip
Gebackener Spargel mit Zitronen-Hollandaise
Spargelflecken
Mini-Zwiebelkuchen
Ofentomaten mit geröstetem Bauernbrot
Walnuss-Tomaten-Häppchen

VEGETARISCH

GESCHICHTETE PATATAS BRAVAS MIT JOGHURT-KNOBLAUCH-SAUCE

Patatas Bravas, die »scharfen Kartoffeln«, die in Würfel geschnitten und in Öl frittiert werden, gehören zu den absoluten Klassikern der Tapas-Küche. Einen besonderen Effekt erzielt man, wenn man ein sogenanntes »Pavé« herstellt: sehr dünne Kartoffelscheiben, die geschichtet, gebacken, über Nacht gepresst und anschließend geschnitten und knusprig gebraten werden. Die Joghurt-Knoblauch-Sauce ist sowieso ein Gewinner.

WARM & AUFWENDIGER • 30–40 WÜRFEL

FÜR DIE KARTOFFELN

100 g Buttermilch
100 g Sahne
2 EL frisch geschnittener Rosmarin
2 TL Salz
2 Knoblauchzehen
5 große festkochende Kartoffeln
50 g Butter
Butterschmalz zum Ausbacken

FÜR DIE SAUCE

½ Knoblauchzehe
200 g griechischer Joghurt
1 EL frisch gepresster Zitronensaft
1 EL natives Olivenöl extra
Salz und schwarzer Pfeffer aus der Mühle

AUSSERDEM

Gemüsehobel
Kastenform (20 cm x 15 cm)

Am Vortag für die Kartoffeln Buttermilch und Sahne in einer Schüssel mischen, Rosmarin und Salz zugeben und den Knoblauch hineinpressen. Die Kartoffeln schälen, waschen und in sehr dünne Scheiben hobeln, dann 30 Minuten in der Buttermilch-Sahne-Mischung ziehen lassen.

Den Backofen auf 170 °C (Umluft) vorheizen. Die Kastenform mit Backpapier auslegen und die Kartoffeln hineinschichten, dabei die Scheiben vorher ein wenig abtropfen lassen. Nach jeweils zwei Schichten 2–3 kleine Flocken Butter zufügen. Wenn alle Scheiben aufgebraucht sind, die Kartoffeln etwa 75 Minuten im Ofen backen. Anschließend herausnehmen, mit einem Gewicht beschweren (siehe Tipp) und über Nacht auskühlen lassen.

Am nächsten Tag die Kartoffeln aus der Form stürzen und in Würfel schneiden. Etwas Butterschmalz in einer Pfanne erhitzen und die Würfel darin rundum knusprig ausbacken.

Für die Sauce den Knoblauch sehr fein hacken, dann alle Zutaten verrühren und mit Salz und Pfeffer abschmecken. In ein Schälchen füllen und zu den Kartoffelwürfeln servieren.

TIPP:

Zum Beschweren am besten einen Karton in der entsprechenden Größe zuschneiden, mit Alufolie umwickeln, auf die Kartoffeln legen und einen mit Wasser gefüllten Topf oder Wasserflaschen daraufstellen bzw. -legen.

KARTOFFELROSEN MIT KRÄUTERQUARK

Ob als Tapa oder als Beilage zu Fleisch oder Fisch, diese Kartoffelrosen sind ein absoluter Hingucker. Knusprig und mit feiner Kräuternote warten sie förmlich darauf, erst in den Kräuterquark gedippt zu werden und dann im Mund zu verschwinden.

WARM & EINFACH • 5–7 ROSEN

FÜR DIE ROSEN

1 kg festkochende Kartoffeln
getrockneter Thymian und Rosmarin
Salz
Olivenöl

FÜR DEN QUARK

½ Knoblauchzehe
200 g Magerquark
¼ Bund Schnittlauch
1 EL frisch gepresster Zitronensaft
1 EL natives Olivenöl extra
Salz und schwarzer Pfeffer aus der Mühle

AUSSERDEM

Muffinbackblech

TIPP:

Nach Belieben in die Rosen noch Speckstreifen oder geriebenen Käse einarbeiten.

Aus Backpapier sieben Kreise ausschneiden, sodass sie in die Mulden der Muffinform passen. Die Mulden mit etwas Olivenöl auspinseln und je ein Stück Backpapier hineinlegen. (Typische Muffinförmchen würden ihren geriffelten Rand an die Kartoffelrosen weitergeben, den wir hier allerdings nicht haben möchten.)

Die Kartoffeln schälen, waschen und mit einem Gemüsehobel längs in dünne Scheiben schneiden. Wenn die Rosen besonders knusprig werden sollen, die Kartoffelscheiben etwa 20 Minuten in eine Schüssel mit kaltem Wasser legen. Das wäscht die Stärke aus den Kartoffeln und macht sie krosser. Die Scheiben trocken tupfen und etwa ein Siebtel überlappend auf die saubere Arbeitsfläche legen. Mit etwas Thymian und Rosmarin bestreuen und vorsichtig mit beiden Händen aufrollen. Die so entstandene Rose aufrecht in eine Muffinmulde setzen und gegebenenfalls noch weitere Kartoffelscheiben nachstecken, bis die Mulde ausgefüllt ist. (Mit der Zeit entwickelt sich ein Gefühl dafür, wie viele Scheiben überlappend ausgelegt werden müssen, um eine Mulde auszufüllen.) Weitere Rosen rollen, bis alle Kartoffelscheiben aufgebraucht sind.

In der Zwischenzeit den Backofen auf 180 °C (Umluft) vorheizen.

Die Rosen salzen, mit etwas Olivenöl beträufeln und ca. 35 Minuten im Ofen backen. Sollte die Oberfläche zu dunkel werden, das Blech mit Alufolie abdecken.

In der Zwischenzeit für den Kräuterquark den Knoblauch zum Quark pressen, den Schnittlauch in Röllchen schneiden. Alle Zutaten vermischen und abschmecken.

Die Kartoffelrosen aus dem Ofen nehmen, kurz abkühlen lassen und gegebenenfalls mit einem Messer vorsichtig aus der Form lösen. Mit dem Kräuterquark servieren.

SOSS IM KLOSS

Was wie ein Tippfehler aussieht, ist tatsächlich keiner. Den Klassiker »Kloß mit Soß« kennt wahrscheinlich jeder Franke von klein auf, steht er doch in so ziemlich jedem fränkischen Wirtshaus auf der Kinderkarte. Raffiniert wird's hier, indem wir die Sauce in die »Gniedla« packen, sodass diese beim Kochen den Kloßteig aromatisiert und beim Anstechen herausläuft.

VEGAN • WARM & AUFWENDIGER • 10 KLÖSSE

FÜR DIE KLÖSSE

150 ml hochwertige vegane Bratensauce

1 Portion selbst gemachter Kloßteig (Rezept S. 166; alternativ 1 kg fertiger Kloßteig halb/halb)

ZUM SERVIEREN

¼ Bund Petersilie

AUSSERDEM

Eiswürfelform

Zehn Eiswürfelformen jeweils zur Hälfte mit Sauce füllen und mindestens 6 Stunden tiefkühlen.

In einem Topf reichlich Wasser zum Kochen bringen. Je 100 g Kloßteig auf der Handfläche etwas flach drücken, einen gefrorenen Saucenwürfel in die Mitte legen und den Teig außenherum verschließen. Darauf achten, dass der Saucenwürfel vollständig umschlossen ist.

Die Klöße etwa 13 Minuten in siedendem (nicht kochendem!) Wasser ziehen lassen. Hier ist das Timing entscheidend: Kocht man sie zu kurz, ist die Sauce noch nicht flüssig, kocht man sie zu lange, weicht die Sauce den Kloßteig zu sehr durch.

Die Klöße aus dem Wasser heben und sofort mit etwas frisch geschnittener Petersilie bestreut servieren.

SEMMELKNÖDEL MIT PETERSILIENPESTO UND SAUERKRAUT

Wie kann etwas, das so einfach zuzubereiten ist, so gut schmecken? Lockere Semmelknödel treffen auf cremiges Petersilienpesto und frisches Sauerkraut. Keine Frage, dass dieses Gericht ins fränkische Tapas-Kochbuch muss. Und aufgepasst, hier wird mit Sicherheit nach einem Nachschlag verlangt!

WARM & EINFACH • 12–15 KNÖDEL

FÜR DIE KNÖDEL

1 Portion Semmelknödel (Rezept S. 169)

Butter zum Anbraten

FÜR DAS PESTO

60 g Pinien- oder Walnusskerne

100 g glatte Petersilie ohne Stiele

12 g Parmesan

85 ml natives Olivenöl extra

etwas frisch gepresster Zitronensaft

Salz

Zucker bei Bedarf

FÜR DAS TOPPING

400 g Sauerkraut

Parmesan

¼ Bund Petersilie

AUSSERDEM

Mixer

Küchenreibe

Die Knödel wie beschrieben zubereiten, allerdings die Rollen nur ca. 4–5 cm dick formen und anschließend in etwa 2 cm breite Scheiben schneiden.

Für das Pesto die Pinienkerne in einer Pfanne ohne Fett anrösten und 1 Handvoll für das Topping beiseitelegen. Die restlichen Kerne zusammen mit Petersilie, Parmesan und Öl im Mixer fein pürieren. Das Pesto mit etwas Zitronensaft, Salz und gegebenenfalls Zucker abschmecken.

Für das Topping das Sauerkraut in einem Topf bei geringer Hitze erwärmen.

In einer Pfanne etwas Butter bei mittlerer Hitze zerlassen und die Knödeltaler darin von beiden Seiten leicht anbraten, anschließend herausnehmen. Jeden Taler mit einer dünnen Schicht Pesto bestreichen und ca. 1 EL Sauerkraut daraufsetzen. Etwas Parmesan frisch darüberreiben und mit den verbliebenen Pinienkernen sowie frisch geschnittener Petersilie bestreuen. Nach Belieben noch etwas von der zerlassenen Butter aus der Pfanne darüberträufeln.

TIPP:

Um das Pesto im Kühlschrank aufzubewahren, einfach in ein sauberes, verschließbares Glas füllen und mit einer dünnen Schicht Olivenöl bedecken.

BREZENSALAT

Brezenstände gehören ebenso zum Nürnberger Stadtbild wie der Schöne Brunnen, denn die Franken lieben ihre »resche Brezn«. In Butter zu knusprigen Croûtons gebacken und gepaart mit cremigem Camembert, frischem Salat und süßen Trauben wird jede Breze zum Hochgenuss.

KALT & EINFACH • 8–10 GLÄSCHEN

FÜR DIE BREZEN-CROÛTONS

1 Breze
2–3 EL Butter

FÜR DEN SALAT

2 Radieschen
Salz
¼ Salatgurke
100 g Camembert
10 Kirschtomaten
10 Weintrauben
100 g Feldsalat

FÜR DAS DRESSING

4 EL natives Olivenöl extra
2 EL Rotweinessig
1 ½ TL mittelscharfer Senf
1 ½ TL Honig
Salz und schwarzer Pfeffer aus der Mühle

AUSSERDEM

8–10 Serviergläschen

Die Breze in ca. 5 mm dicke Scheiben schneiden. Die Butter bei mittlerer Hitze in einer Pfanne zerlassen, die Brezenscheiben hineinlegen und unter ständigem Rühren goldgelb braten. Auf Küchenpapier entfetten.

Für den Salat die Radieschen in feine Streifen schneiden, etwas salzen und kurz durchziehen lassen. Die Gurke zusammen mit dem Camembert klein würfeln. Tomaten und Weintrauben halbieren. Die Radieschen abtropfen lassen und mit dem Feldsalat sowie den restlichen Salatzutaten in einer Schüssel vermischen.

Die Zutaten für das Dressing in ein Schraubglas füllen, gut schütteln und mit Salz und Pfeffer abschmecken.

Kurz vor dem Servieren das Dressing über den Salat träufeln und vorsichtig unterheben. Die Brezen-Croûtons untermischen und den Salat auf Serviergläschen verteilen.

TIPP:

Für eine vegane Variante, einfach den Camembert weglassen oder gegen eine pflanzliche Alternative eintauschen.

SAUERKRAUT-EMPANADAS

Empanadas sind gefüllte Teigtaschen, die sowohl in Spanien als auch in Mittel- und Südamerika verbreitet sind und sich großer Beliebtheit erfreuen – diese ist sogar so enorm, dass Empanadas in einer Reliefdarstellung aus dem 12. Jahrhundert an der Kathedrale von Santiago de Compostela zu finden sind. Die vegetarisch-fränkische Version füllen wir mit knusprigen Kartoffelwürfeln und saftigem Sauerkraut.

WARM & AUFWENDIGER • 10 EMPANADAS

FÜR DIE EMPANADAS

200 g festkochende Kartoffeln
2 kleine Zwiebeln
Butterschmalz zum Braten
400 g Sauerkraut
Salz und schwarzer Pfeffer aus der Mühle
Kümmelsamen (nach Belieben)
1 Pck. Strudelteig (aus dem Kühlregal)
2 Bio-Eigelb

FÜR DEN DIP

½ Bund Petersilie
200 g Crème fraîche
Salz und schwarzer Pfeffer aus der Mühle

AUSSERDEM

Teigrolle bei Bedarf
Ausstechring (10 cm Ø)

Die Kartoffeln schälen, waschen, klein würfeln und 20 Minuten in kaltes Wasser legen, um die Stärke zu lösen. Anschließend abtropfen lassen und leicht mit Küchenpapier trocken tupfen.

Die Zwiebeln in dünne Scheiben schneiden. Das Butterschmalz in einer Pfanne erhitzen und die Zwiebeln darin glasig dünsten. Zur Seite stellen. In derselben Pfanne die Kartoffeln in reichlich Butterschmalz kross braten. Das Sauerkraut abtropfen lassen und mit den Zwiebeln zu den Röstkartoffeln geben. Die Masse gut mit Salz, Pfeffer sowie nach Belieben Kümmel abschmecken.

Den Backofen auf 180 °C (Umluft) vorheizen und ein Backblech mit Backpapier auslegen.

Den Strudelteig aus der Verpackung nehmen und gegebenenfalls noch etwas dünner ausrollen – er sollte ca. 3–4 mm dick sein. Zehn Kreise aus dem Teig ausstechen und jeweils 1–2 EL (ca. 60 g) der Sauerkraut-Kartoffel-Masse in die Mitte geben. Dabei darauf achten, dass nicht zu viel Flüssigkeit mit auf die Teiglinge gelangt. Den Rand der Teigkreise mit verquirltem Eigelb bestreichen und zu Halbmonden falten. Die Ränder zusammendrücken und mit einer Gabel verschließen oder krendeln.

Alle Teigtaschen auf das vorbereitete Backblech legen und die Oberseite mit Eigelb bestreichen. Die Empanadas im Ofen 10–15 Minuten goldgelb backen.

Für den Dip die Petersilie fein schneiden und unter die Crème fraîche rühren. Nach Belieben etwas kaltes Wasser hinzufügen, um den Dip flüssiger zu machen, und mit Salz und Pfeffer abschmecken.

Die knusprigen Empanadas aus dem Ofen nehmen und noch warm zusammen mit dem Dip servieren.

BÄRLAUCH-MUFFINS

Fluffig, fluffiger, Bärlauch-Muffins! Wer Knoblauchbaguette mag, wird diese Muffins lieben. Leckere Bärlauchbutter trifft auf luftigen Brioche-Teig, und in der Muffinform wird daraus ein absoluter Hingucker auf dem Tisch.

WARM & AUFWENDIGER • 12 MUFFINS

FÜR DIE BUTTER

1 Bund Bärlauch
120 g weiche Butter
1 TL Salz

FÜR DEN TEIG

1 Portion Brioche-Teig (Rezept S. 164)

AUSSERDEM

Teigrolle
reißfestes Küchengarn
12 Papier-Muffinförmchen
Muffinbackblech oder ofenfeste Form

Für die Butter den Bärlauch sehr fein schneiden und mit Butter und Salz gründlich vermengen.

Den Brioche-Teig wie beschrieben zubereiten, allerdings nach der ersten Garzeit nicht zerteilen, sondern auf der bemehlten Arbeitsfläche ca. 5 mm dick ausrollen.

Die Hälfte der Bärlauchbutter kurz in einem kleinen Topf schmelzen, dann den Teig dünn mit der flüssigen Butter bepinseln und aufrollen. Die Rolle in zwölf gleich dicke Scheiben schneiden – das geht am besten mit reißfestem Küchengarn. Hierzu mit dem Garn unter die Rolle fahren, überkreuzen, ziehen und so mit dem Faden den Teig schneiden.

Die Papierförmchen in das Muffinblech setzen und jeweils eine Teigschnecke darin platzieren. Abgedeckt mindestens 1 Stunde an einem warmen Ort ruhen lassen.

Gegen Ende der Ruhezeit den Backofen auf 180 °C (Ober-/Unterhitze) vorheizen, anschließend die Brioche-Schnecken darin ca. 10–15 Minuten backen. Wer kein Muffinbackblech hat, legt eine ofenfeste Form mit Backpapier aus und legt die Schnecken einfach nebeneinander hinein. Sie werden beim Backen vermutlich »zusammenwachsen«, schmecken aber natürlich trotzdem.

Die noch heißen Muffins mit der restlichen Bärlauchbutter bestreichen und sofort servieren.

TIPP:

Sollen die Muffins kleiner werden, einfach den ausgerollten Teig in der Mitte durchschneiden und zwei Rollen formen. Wer keinen Bärlauch mag, nimmt einfach Knoblauch-, Basilikum-, Tomatenbutter oder ähnliches. Ein paar Rezepte hierfür finden sich bei den Grundrezepten ab Seite 160.

MINI-BLÄTTERTEIG-KNUSPERSTANGEN

Knusperstangen wie vom Bäcker? Nichts leichter als das! Mit wenigen Handgriffen entstehen superleckere Blätterteig-Stängchen mit einer fruchtigen Tomatenfüllung.

EINFACH • 10–12 STANGEN

FÜR DIE STANGEN

2 EL Tomatenmark
1 TL Olivenöl
1 TL Zwiebelpulver
1 Pck. Blätterteig (aus dem Kühlregal)
70 g Gruyère oder Gouda
1 Bio-Eigelb
1–2 EL helle Sesamsamen
1–2 EL Mohnsamen

AUSSERDEM

Küchenreibe

Den Backofen auf 200 °C (Umluft) vorheizen und ein Backblech mit Backpapier auslegen.

Tomatenmark mit Olivenöl und Zwiebelpulver verrühren.

Den Teig aus der Verpackung nehmen und noch eingerollt inklusive des mitgelieferten Papiers quer halbieren. Beide Teighälften ausbreiten und eine Hälfte mit dem würzigen Tomatenmark bestreichen. Den Käse frisch auf das Tomatenmark reiben. Die zweite Teighälfte darauflegen und leicht andrücken. Anschließend das Papier abziehen.

Den Teig mit verquirltem Eigelb bestreichen und abwechselnd jeweils 2–3 cm breite Streifen Sesam- und Mohnsamen diagonal aufstreuen. Mit einem scharfen Messer den Teig in zehn bis zwölf gleich dicke Streifen schneiden.

Jeden Streifen der Länge nach eindrehen und mit etwas Abstand zueinander auf das Backblech legen. Die Knusperstangen etwa 10–15 Minuten im Ofen goldgelb backen. Herausnehmen und entweder noch warm oder kalt servieren.

G'RUPFTE CUPCAKES

Was der Bayer als Obazda kennt, isst der Franke als »G'rupfter« – doch egal, wie man ihn nennt, er ist einfach nur lecker. In der Tapas-Variante kommt dieser Klassiker als Cupcake auf den Tisch.

KALT & EINFACH • 6 CUPCAKES

FÜR DEN G'RUPFTEN

½ rote Zwiebel
250 g möglichst reifer Camembert
ca. 50 g Butter (je nach gewünschter Cremigkeit mehr oder weniger Butter verwenden; alternativ Frischkäse)
1 Schuss Weißbier (alternativ Sahne)
2 TL edelsüßes Paprikapulver
Salz und schwarzer Pfeffer aus der Mühle
Kümmelsamen (nach Belieben)

ZUM SERVIEREN

3 Aufback-Laugenbrezen
½ rote Zwiebel
¼ Bund Schnittlauch
kleine Salzbrezen

AUSSERDEM

Mixer
Spritzbeutel mit geriffelter Tülle
Muffinbackblech
6 Muffinförmchen

Die Laugenbrezen zum Aufbacken auftauen lassen, sodass sie knetbar sind.

Für den G'rupften die Zwiebel fein schneiden. Den Camembert zunächst klein schneiden, dann gemeinsam mit Butter, Zwiebel und Weißbier im Mixer zu einer feinen Masse pürieren. Gegebenenfalls etwas mehr oder weniger Butter zugeben. Mit Paprika, Salz, Pfeffer und gegebenenfalls Kümmel abschmecken. Die Masse in den Spritzbeutel füllen und mindestens 1 Stunde im Kühlschrank durchziehen lassen.

Den Backofen auf 180 °C (Umluft) vorheizen. Das Muffinblech mit Förmchen auslegen.

Die aufgetauten Brezen halbieren und jede Hälfte zu einer Kugel formen. Diese in die Muffinförmchen legen, zunächst leicht flach und dann in die Mitte eine etwas tiefere Mulde drücken. Laut Packungsanweisung im Ofen backen. Anschließend herausnehmen und vollständig abkühlen lassen.

Zum Servieren die Zwiebel in feine Ringe schneiden. Die Camembertmasse auf den Brezenteig spritzen und mit Zwiebelringen, frisch geschnittenem Schnittlauch und Minibrezen dekorieren.

TIPP:

»Möglichst reif« ist der Camembert, wenn das Mindesthaltbarkeitsdatum kurz bevorsteht.

FRÄNKISCHER ZIEGENKÄSE-BLOOTZ MIT BIRNEN

Flammkuchen ist ein Klassiker aus dem Elsass. Ein Stück Teig vor dem Brotbacken in den Ofen zu geben, um zu testen, ob dieser schon heiß genug ist ... das hat man allerdings seit jeher in vielen Regionen gemacht. Die fränkische Variante des Flammkuchens nennt sich schlicht »Blootz«, und steht geschmacklich dem bekannten und beliebten Teigfladen in nichts nach.

WARM & EINFACH • 2 BLECHE

FÜR DEN TEIG

175 ml Milch
10 g Trockenhefe
1 TL Zucker
80 g Butter
300 g Roggenmehl (Type 1150)
200 g dunkles Weizenmehl (Type 1050)
1 Bio-Ei
1 Prise Salz

FÜR DEN BELAG

100 g Ziegenfrischkäse
150 g Schmand
Salz und schwarzer Pfeffer aus der Mühle
3 EL Olivenöl
3 EL Honig
1 Handvoll Walnusskerne
2 Bio-Birnen

AUSSERDEM

Küchenthermometer
Teigrolle

Für den Teig die Milch in einem Topf leicht erwärmen. Sie darf dabei nicht wärmer als 40 °C werden. Hefe und Zucker einrühren und alles ohne Hitzezufuhr ca. 10 Minuten stehen lassen. Die Butter in einem kleinen Topf zerlassen.

Die beiden Mehlsorten in eine Schüssel sieben, die Milch-Hefe-Mischung zugießen und von Hand mit Ei, Butter und etwas Salz zu einem glatten Teig verkneten. Hierbei ist es wichtig, mit den Händen zu arbeiten, weil sich der Teig in der Küchenmaschine nicht so gut bindet. Den Teig anschließend an einem warmen Ort ca. 1 Stunde abgedeckt gehen lassen.

In der Zwischenzeit für den Belag Ziegenfrischkäse und Schmand vermengen und mit Salz und Pfeffer abschmecken. Das Olivenöl mit dem Honig vermischen und die Walnüsse grob hacken. Die Birnen vierteln, das Kerngehäuse entfernen und die Viertel in dünne Scheiben schneiden.

Nach der Ruhezeit den Teig halbieren, dünn ausrollen, jeweils auf ein mit Backpapier ausgelegtes Backblech legen und abgedeckt nochmals 30 Minuten gehen lassen.

Den Backofen auf 200 °C (Umluft) vorheizen.

Den Teig vorsichtig mit der Schmand-Käse-Mischung bestreichen, Birnenscheiben und Walnüsse darauf verteilen sowie die Honig-Öl-Mischung darüberträufeln.

Den Blootz ca. 20 Minuten im Ofen knusprig backen. Darauf achten, dass weder Teig noch Belag zu dunkel werden (ggf. mit Alufolie abdecken). Herausnehmen und sofort servieren.

SCHWARZBROT-NACHOS MIT ERDBEERSALSA

Ob bei einer Tapas-Party oder auch mal »nur« als TV-Snack: Schwarzbrot-Nachos sind nicht nur unglaublich lecker, sondern auch eine super Alternative zu klassischen Chips. Zudem ist die Salsa – besonders in der Sommersaison, wenn die Erdbeeren frisch von regionalen Feldern kommen – eine willkommene Abwechslung zum altbekannten Tomaten-Dip.

VEGAN • KALT & EINFACH • 3–4 PORTIONEN

FÜR DIE NACHOS

300 g Brot (z. B. Bauernbrot), idealerweise vom Vortag
3 EL Olivenöl
getrockneter Rosmarin
Salz

FÜR DIE SALSA

500 g Erdbeeren
½ Bio-Salatgurke
1 kleine rote Zwiebel
½ Bund Petersilie
1 EL natives Olivenöl extra
1 Schuss weißer Balsamicoessig

AUSSERDEM

Aufschnittmaschine

Den Backofen auf 200 °C (Umluft) vorheizen und ein Backblech mit Backpapier auslegen.

Das Brot am besten mit einer Aufschnittmaschine in 1–2 mm dicke Scheiben schneiden und diese anschließend in drei bis vier Stücke teilen. Nebeneinander auf das Backblech legen (ggf. mehrere Bleche verwenden) und leicht mit Olivenöl bestreichen. Mit Rosmarin und Salz bestreuen und im Ofen 15–20 Minuten zu knusprigen Chips backen.

Für die Salsa die Erdbeeren putzen und zusammen mit der Gurke fein würfeln. Zwiebel und Petersilie fein schneiden. Alles in einer Schüssel mischen und mit Olivenöl sowie 1 Schuss Balsamicoessig abschmecken. Im Kühlschrank 15 Minuten ziehen lassen. Anschließend mit den noch warmen Nachos servieren.

TIPP:

Das Brot lässt sich besser dünn aufschneiden, wenn man es vorher ca. 30–60 Minuten in den Gefrierschrank gibt.

ZWETSCHGEN-FETA-BROTE

Allein die Kombination Zwetschge und Feta klingt schon himmlisch, aber dann auch noch auf einer knusprigen Brötchenscheibe – ja bitte! Gerne mehr davon!

KALT & EINFACH • 10–12 BROTE

FÜR DIE CREME

180 g Feta
40 g Frischkäse (Doppelrahmstufe)
100 ml natives Olivenöl extra
Salz und schwarzer Pfeffer aus der Mühle
getrockneter Oregano
getrockneter Rosmarin
etwas frisch gepresster Zitronensaft

ZUM SERVIEREN

1 Baguette
200 g Zwetschgen (aus dem Glas)
3–4 Stängel Thymian
1 Handvoll Walnusskerne

AUSSERDEM

Mixer

Feta, Frischkäse und Olivenöl mit 50 ml Wasser im Mixer glatt pürieren. Mit Salz, Pfeffer, Oregano, Rosmarin und Zitronensaft abschmecken und im Kühlschrank 30 Minuten durchziehen lassen.

Das Baguette in beliebig dicke Scheiben schneiden und jeweils mit 1–2 EL der Creme bestreichen. Die eingelegten Zwetschgen etwas abtropfen lassen und auf die Baguette-Scheiben verteilen (ca. zwei pro Scheibe). Mit frisch gezupftem Thymian und gehackten Walnüssen bestreut servieren.

ROTE-BETE-CARPACCIO MIT HIMBEEREN, BURRATA UND BASILIKUM-MINZE-PESTO

Hier überzeugt schon allein die Optik: dunkelrote Rote-Bete-Scheiben, belegt mit schneeweißem Burrata und gesprenkelt mit dem frischen Grün des Pestos. Geschmacklich treffen hier die erdigen Noten der Bete auf die fruchtige Säure der Himbeeren, die Cremigkeit des Burratas und die Frische des Pestos. Purer Genuss!

KALT & EINFACH • 3–4 PORTIONEN

FÜR DAS PESTO

1 Bund Basilikum

½ Bund Minze

4 EL natives Olivenöl extra

Salz und schwarzer Pfeffer aus der Mühle

etwas frisch gepresster Zitronensaft

FÜR DAS CARPACCIO

500 g gegarte Rote Bete

250 g Burrata

100 g Himbeeren

AUSSERDEM

Stabmixer

Gemüsehobel

Für das Pesto Basilikum und Minze in ein hohes Gefäß zupfen und zusammen mit dem Olivenöl mit dem Stabmixer sehr fein pürieren. Anschließend mit Salz, Pfeffer und ein paar Spritzern Zitronensaft abschmecken.

Die Rote Bete (am besten mithilfe eines Gemüsehobels) in 1–2 mm dicke Scheiben schneiden und auf einer großen Platte überlappend anrichten.

Den Burrata klein zupfen und auf die Rote Bete streuen. Die Himbeeren waschen, ebenfalls darauf verteilen und mit einem Löffel leicht andrücken. Das Pesto darüberträufeln und servieren.

TIPP:

Das Carpaccio lässt sich auch sehr gut mit frischen, dünn aufgeschnittenen Feigen kombinieren.

KÜRBIS-SCHNITTEN

Für dieses Gericht dienten mir Bruschetta als Inspiration. Hier werden die knusprigen Brotscheiben jedoch nicht mit Tomaten belegt, sondern mit Kürbiswürfeln. Ein Gericht, bei dem man sicher denkt: »Warum habe ich das nicht schon früher ausprobiert?« Ab jetzt steht die Kürbisversion sicher öfter auf dem Speiseplan!

WARM & EINFACH • 10–12 SCHNITTEN

FÜR DEN KÜRBIS

ca. 300 g Kürbis (Hokkaido oder Butternuss)

1 TL Salz

1 TL schwarzer Pfeffer aus der Mühle

2–3 EL Olivenöl

FÜR DIE CREME

1 Knoblauchzehe

200 g Ricotta

1 EL natives Olivenöl extra

1 EL frisch gepresster Zitronensaft

Salz und schwarzer Pfeffer aus der Mühle

ZUM SERVIEREN

5–6 Scheiben Bauernbrot

Kürbiskerne

Honig

Den Backofen auf 200 °C (Umluft) vorheizen und ein Backblech mit Backpapier auslegen.

Den Kürbis schälen (Hokkaido nur waschen), halbieren, die Kerne entfernen und das Fruchtfleisch in etwa 1 cm x 1 cm große Würfel schneiden. Salzen, pfeffern und mit Olivenöl marinieren. Die Würfel auf dem Backbleck verteilen und im Ofen ca. 15 Minuten rösten, bis sie weich, aber noch bissfest sind.

Für die Creme den Knoblauch in den Ricotta pressen. Olivenöl und Zitronensaft einrühren und mit Salz und Pfeffer abschmecken.

Die Brotscheiben toasten und halbieren. Mit Ricottacreme bestreichen, die Kürbiswürfel gleichmäßig darauf verteilen und ein paar gehackte Kürbiskerne darüberstreuen. Mit etwas Honig beträufelt servieren.

CHAMPIGNONS IM BIERTEIG MIT ROTE-BETE-DIP

Auf die Gabel, dippen und genießen – das könnte das Motto dieser Kombination sein, die nicht nur farblich ein Hingucker ist.

WARM & EINFACH • 3–4 PORTIONEN

FÜR DEN BIERTEIG

100 g Weizenmehl (Type 405), plus mehr bei Bedarf

100 g Semmelbrösel

125 ml fränkisches Bier (Helles)

2 Bio-Eier

1 TL Salz

FÜR DEN DIP

100 g Naturjoghurt

150 g Crème fraîche

5 EL Rote-Bete-Saft, plus mehr nach Belieben

Salz und schwarzer Pfeffer aus der Mühle

1 Schuss Apfelessig

Sahnemeerrettich (nach Belieben)

FÜR DIE CHAMPIGNONS

neutrales Pflanzenöl zum Frittieren

400 g Champignons

Bierteig (siehe oben)

Für den Bierteig Mehl, Semmelbrösel, Bier, Eier und Salz zu einem glatten Teig verrühren und ca. 20 Minuten quellen lassen. Sollte der Teig zu flüssig sein, noch etwas Mehl zugeben.

Für den Dip Joghurt und Crème fraîche mit Rote-Bete-Saft verrühren – je kräftiger die Farbe werden soll, desto mehr Saft verwenden. Mit Salz, Pfeffer, etwas Apfelessig und nach Belieben Sahnemehrrettich (für eine leichte Schärfe) abschmecken.

Reichlich Öl in einer Pfanne erhitzen. Die Champignons putzen, im Bierteig wenden und im heißen Öl goldgelb ausbacken. Herausheben und auf Küchenpapier entfetten.

Den Rote-Bete-Dip in ein kleines Schälchen füllen und zusammen mit den heißen Champignons servieren.

GEBACKENER SPARGEL MIT ZITRONEN-HOLLANDAISE

Wenn es zwischen Mitte bis Ende April und dem 24. Juni das »weiße Gold« frisch vom Markt gibt, steht dieses Gericht ganz hoch im Kurs. Die goldgelb gebackenen Stangen laden förmlich zum Zugreifen und Dippen ein.

WARM & EINFACH • 10–12 STANGEN

FÜR DEN SPARGEL

500 g mitteldicke Stangen weißer Spargel

1 TL Butter

1 TL Zucker

Mehl, 2 Bio-Eier, Semmelbrösel zum Panieren

Butterschmalz zum Ausbacken

FÜR DIE HOLLANDAISE

200 g Butter

2 EL Weißwein

1 EL frisch gepresster Zitronensaft

2 Bio-Eigelb

etwas Abrieb von 1 unbehandelten Bio-Zitrone

Salz und schwarzer Pfeffer aus der Mühle

AUSSERDEM

Pürierstab

Den Spargel rundum schälen und die holzigen Enden großzügig abschneiden. Butter und Zucker in kochendes Wasser rühren und den Spargel hineingeben. Temperatur reduzieren und den Spargel ca. 7 Minuten gar ziehen lassen.

Für die Hollandaise die Butter in einem Topf zerlassen, dabei darauf achten, dass sie nicht braun wird. Weißwein, Zitronensaft und Eigelbe in einem zweiten Topf mit dem Pürierstab verquirlen, anschließend die Butter zunächst tröpfchenweise, dann in dünnem Strahl zugeben und die Sauce bis zur gewünschten Konsistenz durchmixen. Gegebenenfalls wird nicht die gesamte Butter benötigt. Mit Zitronenabrieb, Salz und Pfeffer abschmecken und bei niedrigster Hitze warm halten.

Die Spargelstangen aus dem Wasser heben und etwas abkühlen lassen. Dann nacheinander in Mehl, verquirltem Ei und Semmelbröseln wenden. Reichlich Butterschmalz in einer Pfanne erhitzen und den panierten Spargel darin rundum knusprig ausbacken. Herausnehmen und auf Küchenpapier entfetten.

Die Hollandaise zum Servieren in ein Schälchen füllen und als Dip zum gebackenen Spargel reichen.

TIPP:

Optional kann der Spargel vor dem Panieren noch mit einer Scheibe Kochschinken und Käse (z. B. Gouda) umwickelt werden. Und falls es einmal schnell gehen muss, einfach auf eine gute fertige Sauce Hollandaise aus dem Supermarkt zurückgreifen, abgeschmeckt mit etwas Zitronensaft und Zitronenabrieb.

SPARGELFLECKEN

Egal ob grün oder weiß – Spargel ist einfach lecker. Auf einem frisch gebackenen Teigfladen aus Quark, Mehl und Käse wird er zum Highlight.

WARM & EINFACH • 8–10 STÜCK

FÜR DEN TEIG

200 g Quark

300 g Weizenmehl (Type 405), plus mehr zum Arbeiten

100 g Bergkäse

1 Bio-Ei

½ TL Salz

1 TL Backpulver

FÜR DEN BELAG

1 Bund grüner Spargel

2 Frühlingszwiebeln

100 g Bergkäse

1 Knoblauchzehe

125 g Crème fraîche

Salz und schwarzer Pfeffer aus der Mühle

AUSSERDEM

Küchenreibe

Teigrolle

Den Backofen auf 160 °C (Umluft) vorheizen und zwei Backbleche mit Backpapier auslegen.

Für den Teig Quark, Mehl, geriebenen Bergkäse, Ei, Salz und Backpulver zu einem glatten Teig verkneten und in acht bis zehn gleich große Teile portionieren. Jeden Teigling auf der leicht bemehlten Arbeitsfläche etwa 5 mm dick ausrollen, auf die Bleche verteilen und 10–12 Minuten im Ofen vorbacken.

In der Zwischenzeit das holzige Ende vom Spargel abbrechen. Hierzu einfach die Stangen links und rechts halten und vorsichtig biegen – sie brechen genau an der richtigen Stelle. Den Spargel schräg in dünne Scheiben schneiden.

Die Frühlingszwiebeln putzen und in Ringe schneiden, den Bergkäse reiben. Den Knoblauch in die Crème fraîche pressen und mit Salz und Pfeffer abschmecken.

Die knusprigen Teigflecken aus dem Ofen nehmen und mit der Knoblauchcreme bestreichen. Mit Spargel und Frühlingszwiebeln belegen und mit Käse bestreuen. Zurück in den Ofen schieben und backen, bis der Käse geschmolzen ist und eine schöne Farbe bekommen hat. Sofort servieren.

TIPP:

Die Teigflecken schmecken auch ohne Belag hervorragend zu weiteren Aufstrichen (siehe S. 160).

MINI-ZWIEBELKUCHEN

Spätestens, wenn gegen Ende des Sommers die ersten Flaschen Federweißer in den Regalen stehen, wird es Zeit für Zwiebelkuchen. Wer kein ganzes Blech backen möchte, verwöhnt seine Gäste einfach mit der Mini-Variante dieses Klassikers.

WARM & EINFACH • 10–12 STÜCK

FÜR DIE ZWIEBELKUCHEN

3–4 Zwiebeln
2 EL Olivenöl
3 Bio-Eier
150 g Schmand
Salz und schwarzer Pfeffer aus der Mühle
frisch geriebene Muskatnuss
1 Pck. Hefe-Pizzateig (aus dem Kühlregal)

AUSSERDEM

Muffinbackblech
Backpapier oder Papier-Muffinförmchen
Ausstechring (9–10 cm Ø)

Die Zwiebeln halbieren und in dünne Streifen schneiden. In einer Pfanne das Öl erhitzen und die Zwiebeln darin glasig dünsten. Anschließend auskühlen lassen.

Die Eier mit dem Schmand verrühren und mit Salz, Pfeffer und Muskatnuss würzen.

Den Backofen auf 200 °C (Ober-/Unterhitze) vorheizen und die Mulden des Muffinblechs mit Backpapier auslegen.

Den Pizzateig aus der Verpackung nehmen und mit dem Ausstechring Kreise ausstechen. Diese so in die Muffinmulden legen, dass der Rand rundum hochsteht. Die ausgekühlten Zwiebeln mit der Eier-Schmand-Masse vermischen und gleichmäßig auf die Teigmulden verteilen. Die Mini-Zwiebelkuchen 20–25 Minuten im Ofen backen, dann sofort servieren.

OFENTOMATEN MIT GERÖSTETEM BAUERNBROT

Die köstlichen Ofentomaten mit geröstetem Bauernbrot sind ein schnelles Gericht, das definitiv auf jeden Tapas-Tisch gehört, denn den saftig-intensiven Geschmack von Tomate, aromatisiert mit Balsamico und Honig, kann man nur lieben.

WARM & EINFACH • 3–4 PORTIONEN

FÜR DIE TOMATEN

500 g kleine bunte Tomaten (Cherry-, Datteltomaten etc.)
1 EL Honig
2 EL Balsamicoessig
1 EL Olivenöl
Salz
40 g Pistazienkerne

FÜR DAS BROT

3–4 Scheiben Bauernbrot
Olivenöl
1 Knoblauchzehe

Den Backofen auf 200 °C (Ober-/Unterhitze) vorheizen und ein Backblech mit Backpapier belegen.

Die Tomaten waschen und größere Exemplare halbieren oder vierteln (dabei den Strunk herausschneiden) – kleinere Tomaten kann man ganz lassen. Honig, Essig, Öl und etwas Salz vermischen und die Tomaten darin wenden. Auf dem Backblech verteilen und etwa 15 Minuten im Ofen rösten. Zwischendurch ein- bis zweimal wenden. Die Pistazien für die letzten 5 Minuten Garzeit zu den Tomaten in den Ofen geben und mitrösten.

Inzwischen die Brotscheiben halbieren und beidseitig mit etwas Olivenöl bepinseln. Den Knoblauch halbieren und das Brot damit einreiben. Das Brot in einer Pfanne ohne zusätzliches Öl von beiden Seiten knusprig braten.

Die Tomaten in eine Servierschale füllen und mit dem gerösteten Brot warm servieren.

WALNUSS-TOMATEN-HÄPPCHEN

Wie war das noch? Mit einem Happs sind sie im Mund? Und es wird sicher nicht nur bei einem Happs bleiben, denn wer diesen Walnuss-Tomaten-Aufstrich einmal probiert hat, kann gar nicht mehr genug davon bekommen – also am besten gleich ein bisschen mehr Dip vorbereiten, denn er schmeckt auch noch am nächsten Tag.

VEGAN • KALT & EINFACH • 3–4 PORTIONEN

FÜR DEN AUFSTRICH

1 Handvoll Walnusskerne
¼ Bund Minze
½ Bund Petersilie
200 g Tomatenmark
5 EL natives Olivenöl extra
½ TL Kreuzkümmel
½ TL Oregano
Salz und schwarzer Pfeffer aus der Mühle

ZUM SERVIEREN

Baguette oder Schwarzbrot

Walnüsse, Minze und Petersilie klein schneiden und mit Tomatenmark und Olivenöl vermengen. Mit Kreuzkümmel, Oregano, Salz und Pfeffer abschmecken. Den Aufstrich vor dem Servieren ca. 20 Minuten durchziehen lassen.

Baguette oder Schwarzbrot nach Belieben rösten und mit dem Aufstrich servieren.

TIPP:

Weitere Aufstrich-Variationen finden sich bei den Grundrezepten ab S. 160.

Apfelküchla-Lollis
Apfelstrudel-Säckchen
Blätterteig-Apfel-Rosen mit Vanilleglasur
Rhabarber-Erdbeer-Krümel
Erdbeer-Creme-Würfel
Kirschenmännla
Windbeutel
Feuerspatzen
Omas Eierlikör-Kuchenwürfel
Lebkuchen-Mousse im Schokoladenschälchen

SÜSSES

APFELKÜCHLA-LOLLIS

Kindheitserinnerung pur: Wenn es sonntags bei Oma frische Apfelküchla zum Nachtisch gab, duftete sowohl beim Zubereiten als auch noch lange hinterher das ganze Haus danach. In der Lolli-Variante holen wir das Andenken an unseren Tapas-Tisch.

WARM & EINFACH • 24 LOLLIS

FÜR DEN TEIG

120 g Weizenmehl (Type 405)
125 ml Milch
20 g Zucker
2 Bio-Eier
1 Prise Salz
1 Pck. Vanillezucker

FÜR DIE KÜCHLA

8 säuerliche Äpfel
Butterschmalz zum Ausbacken
Puderzucker zum Bestäuben

AUSSERDEM

Apfelausstecher
24 Schaschlikspieße

Für den Teig das Mehl in eine Schüssel sieben und mit den restlichen Zutaten zu einem glatten Teig verrühren.

Die Äpfel im Ganzen schälen, das Kerngehäuse ausstechen und die Äpfel quer in 1 cm dicke Ringe schneiden.

Etwas Butterschmalz so lange in einer Pfanne erhitzen, bis sich kleine Bläschen bilden, wenn man den Stil eines Holzlöffels hineinhält. Die Apfelringe durch den Teig ziehen und portionsweise im heißen Fett ausbacken.

Jedes Apfelküchla auf einen Schaschlikspieß stecken, mit Puderzucker bestäuben und sofort servieren.

APFELSTRUDEL-SÄCKCHEN

Wenn man die knusprige Teighülle durchbricht und die herrlich duftende Apfel-Zimt-Füllung auf den Teller fließt, glaubt man sich im fränkisch-süßen Tapas-Himmel.

WARM & AUFWENDIGER • 8 SÄCKCHEN

FÜR DIE APFELFÜLLUNG

200 g Quark
1 Bio-Eigelb
40 g Zucker
1 Pck. Vanillezucker
4 Äpfel (ca. 300 g)
100 g Sahne
1 TL Zimt
1 Handvoll Rosinen (nach Belieben)

FÜR DEN TEIG

4 Blätter Strudelteig (ausgezogener, aus dem Kühlregal)
2 Bio-Eigelb

ZUM SERVIEREN

Puderzucker zum Bestäuben

AUSSERDEM

8 Papier-Muffinförmchen
Muffinbackblech

Den Backofen auf 180 °C (Ober-/Unterhitze) vorheizen. Muffinförmchen in die Mulden des Muffinblechs setzen.

Für die Füllung Quark, Eigelb, Zucker und Vanillezucker zu einer glatten Masse verrühren. Die Äpfel schälen, entkernen und klein würfeln. Sahne und Zimt verrühren und die Apfelwürfel 10 Minuten darin ziehen lassen.

Die Teigblätter aufeinanderlegen und in vier gleich große Teile schneiden, sodass man insgesamt 16 quadratische Teigstücke erhält. Jetzt immer zwei Blätter miteinander verkleben – hierzu ein Blatt mit einem Pinsel mit etwas verquirltem Eigelb bestreichen und ein zweites Blatt um 45 ° gedreht mittig darauflegen, sodass ein Kreuz entsteht.

Quarkmasse und Äpfel verrühren (die Äpfel vorher etwas abtropfen lassen) und auf die acht Teigkreuze verteilen (jeweils ca. 80 g), dann den Teig nach oben zu einem Säckchen eindrehen und zusammendrücken. Jedes Säckchen in ein Muffinförmchen setzen und von außen mit ein wenig Eigelb bestreichen.

Im Ofen ca. 13–15 Minuten backen. Dann herausnehmen, etwas abkühlen lassen und mit Puderzucker bestäubt servieren.

TIPP:

Wer möchte, kann noch Vanilleeis oder Vanillesauce dazureichen.

BLÄTTERTEIG-APFEL-ROSEN MIT VANILLEGLASUR

»Für mich soll's rote Rosen regnen«, sang schon Hildegard Knef – für uns aber doch bitte Blätterteig-Apfel-Rosen, denn die Kombination von Äpfeln mit Aprikosenmarmelade allein ist schon himmlisch, dann noch in Blätterteig gerollt und mit einer vollmundigen Vanilleglasur veredelt, ist sie unwiderstehlich.

WARM & EINFACH • 12 ROSEN

FÜR DIE ROSEN

4 rote Bio-Äpfel
1 EL Zucker
1 EL frisch gepresster Zitronensaft
2 Pck. Blätterteig (aus dem Kühlregal)
ca. 80 g Aprikosenmarmelade

FÜR DIE GLASUR

25 g Frischkäse (Doppelrahmstufe)
35 g Puderzucker
1 Pck. Vanillezucker
1 EL Milch

AUSSERDEM

Muffinbackblech
12 Muffinförmchen, alternativ Butter zum Fetten
Pizza-Roller

Den Backofen auf 180 °C (Umluft) vorheizen und das Muffinblech mit Förmchen auslegen.

Die Äpfel waschen, vierteln, das Kerngehäuse entfernen und jedes Viertel in sehr dünne Scheiben schneiden. Apfelscheiben, Zucker und Zitronensaft in einen Topf mit kochendem Wasser geben und etwa 1–2 Minuten weich garen – so lassen sich die Rosen später leichter rollen.

Die beiden Blätterteige ausbreiten, dünn mit Aprikosenmarmelade bestreichen und der Länge nach in je sechs Streifen schneiden – das geht am besten mit einem Pizza-Roller oder ähnlichem. Die Apfelscheiben etwas abtropfen lassen und leicht überlappend auf die obere Hälfte eines Teigstreifens legen, die untere Teighälfte nach oben klappen und den Strang vorsichtig zu einer Rose aufrollen. Mit den restlichen Teigstreifen und Apfelscheiben ebenso verfahren.

Die Apfelrosen in die Muffinförmchen setzen und ca. 15 Minuten im Ofen backen.

In der Zwischenzeit alle Zutaten für die Glasur glatt rühren.

Die Apfelrosen aus dem Ofen nehmen und kurz abkühlen lassen. Anschließend mit einem Löffel dünne Streifen der Glasur darüberträufeln.

RHABARBER-ERDBEER-KRÜMEL

Diese Leckerei hat Lieblingsgericht-Charakter. Kein Wunder: Wenn saurer Rhabarber auf süße Erdbeeren trifft, sich alles mit einer cremigen Vanillepuddingmasse verbindet und man die buttrig-zuckrigen Brösel auf der Zunge schmeckt, hüpfen alle Geschmacksnerven vor Freude.

KALT & EINFACH • 8–10 GLÄSER

FÜR DIE FRUCHTMASSE

300 g Rhabarber
300 g Erdbeeren
50 g Zucker
1 Pck. Vanillepuddingpulver

FÜR DIE KRÜMEL

75 g Butter
75 g Zucker
½ Pck. Vanillezucker
½ Pck. Backpulver
150 g Weizenmehl (Type 405)
1 Bio-Eigelb
1 Prise Salz

ZUM SERVIEREN

Vanilleeis oder Schlagsahne
4–5 Erdbeeren

AUSSERDEM

8–10 kleine ofenfeste Gläser oder Förmchen
Butter zum Fetten

Den Backofen auf 170 °C (Ober-/Unterhitze) vorheizen. Die ofenfesten Gläser fetten.

Den Rhabarber putzen und schälen. Die Erdbeeren waschen. Anschließend beides klein schneiden und mit dem Zucker vermischen. Das Vanillepuddingpulver mit 4 EL Wasser anrühren und über die Rhabarber-Erdbeer-Mischung löffeln. Alles vermengen und anschließend in die Gläser füllen.

Die Zutaten für die Krümel verkneten und auf die Fruchtmasse bröseln. Die Gläser in den Ofen schieben und etwa 30–35 Minuten backen, bis die Teigstückchen goldbraun sind.

Anschließend herausnehmen und jeweils 1 kleine Kugel Vanilleeis oder 1 Klecks Schlagsahne auf die noch warmen Desserts setzen. Mit halbierten Erdbeeren garnieren und sofort servieren.

ERDBEER-CREME-WÜRFEL

Fluffig-leichter Biskuitboden und fruchtig-frische Erdbeeren direkt vom Feld sind ein Rezeptgarant für eine leckere Tapas-Nachspeise. Die luftige Creme macht das Sommer-Feeling perfekt.

KALT & AUFWENDIGER • CA. 42 WÜRFEL

FÜR DEN BISQUIT

4 Bio-Eier (Zimmertemperatur)
100 g Puderzucker
1 Prise Salz
120 g Weizenmehl (Type 405)
1 TL Backpulver

FÜR DIE CREME

300 g Sahne
175 g Frischkäse (Doppelrahmstufe)
60 g Puderzucker
1 Pck. Vanillezucker

ZUM SERVIEREN

30 mittelgroße Erdbeeren
Puderzucker bei Bedarf

AUSSERDEM

Handrührgerät oder Küchenmaschine
Spritzbeutel mit großer Sterntülle
Stabmixer
feines Küchensieb
Spritzflasche

Den Backofen auf 175 °C (Ober-/Unterhitze) vorheizen und ein großes Backblech mit Backpapier auslegen.

Für den Biskuit Eier, Puderzucker und etwas Salz so lange aufschlagen, bis die Masse hellgelb ist bzw. sich ihr Volumen verdoppelt hat. Mehl und Backpulver mischen, auf die Ei-Zucker-Masse sieben und vorsichtig unterheben. Den Teig auf das Backblech geben, glatt streichen und ca. 8–10 Minuten im Ofen backen. Der Teig ist fertig, wenn er nicht mehr klebt.

Den Biskuitboden direkt auf ein leicht angefeuchtetes Küchentuch stürzen, das Backpapier vorsichtig abziehen und anschließend wieder auflegen. Mit dem Backblech abdecken und vollständig abkühlen lassen – so trocknet der Boden nicht aus und bleibt schön saftig.

In der Zwischenzeit für die Creme Sahne, Frischkäse, Puder- und Vanillezucker in eine Schüssel geben und aufschlagen, bis sich eine feste Creme gebildet hat. In den Spritzbeutel füllen und kühl stellen.

Acht weniger schöne Erdbeeren mit dem Stabmixer fein pürieren, gegebenenfalls mit etwas Puderzucker abschmecken, und durch ein feines Sieb passieren, um die Kernchen zu entfernen. In eine Spritzflasche füllen und beiseitestellen. Die restlichen Erdbeeren putzen und halbieren.

Den ausgekühlten Biskuit in 4 cm x 4 cm große Quadrate schneiden. Jeweils 1 Klecks Creme aufspritzen, mit Erdbeerpüree beträufeln und eine halbe Erdbeere obenaufsetzen.

TIPP:

Die Würfel lassen sich super vorbereiten und im Kühlschrank aufbewahren. Erdbeerpüree und frische Erdbeeren sollten dann jedoch erst kurz vor dem Servieren zugefügt werden. Für den besonderen Kick noch etwas frisch geschnittenes Basilikum oder Minze darüberstreuen.

KIRSCHENMÄNNLA

Wenn sich die Butter mit der Milch, dem Zucker und den Brotwürfeln vermischt und die Kirschen den herrlich sauren Gegenpart spielen, ist eine fränkische Geschmacksexplosion vorprogrammiert. Der Klassiker hier in der Mini-Version.

WARM & EINFACH • 10–12 GLÄSER

FÜR DAS KIRSCHENMÄNNLA

220 g Weißbrotwürfel (von etwa 4 altbackenen Semmeln)
250 ml Milch
2 Bio-Eier
50 g Zucker
1 Pck. Vanillezucker
½ TL Zimt
1 kg Kirschen (frisch oder aus dem Glas, Nettogewicht)
40 g Butter
Puderzucker zum Bestäuben

AUSSERDEM

Handrührgerät oder Küchenmaschine
10–12 ofenfeste Serviergläser
Butter zum Fetten

Die Brotwürfel in der Milch einweichen und 30 Minuten durchziehen lassen.

Eier, Zucker, Vanillezucker und Zimt schaumig schlagen und die Masse unter die eingeweichten Brotwürfel heben. Anschließend die (abgetropften) Kirschen hinzufügen.

Den Backofen auf 125 °C (Ober-/Unterhitze) vorheizen. Die Gläser mit etwas Butter fetten und die Kirschmasse gleichmäßig hineinfüllen. Anschließend pro Glas 1 kleine Flocke Butter obenaufsetzen.

Die Gläser in den vorgeheizten Ofen stellen. Nach 20 Minuten die Temperatur auf 150 °C sowie nach weiteren 20 Minuten auf 175 °C erhöhen und dann in 20 Minuten fertig backen.

Die Kirschenmännla aus dem Ofen nehmen, kurz abkühlen lassen und mit Puderzucker bestäubt servieren.

TIPP:

Kirschen aus dem Glas enthalten meist schon etwas Zucker, bei frischen Kirschen daher die angegebene Zuckermenge leicht erhöhen (ca. 80–100 g).

WINDBEUTEL

Frankens Ausflugscafés sind über die Grenzen hinaus bekannt, und mit diesen Windbeuteln im Miniformat holt man sich das Sonntags-Feeling nach Hause an den heimischen Tapas-Tisch.

KALT & AUFWENDIGER • 12–15 WINDBEUTEL

FÜR DEN BRANDTEIG

50 g Butter
1 TL Zucker
1 Prise Salz
150 g Weizenmehl (Type 405)
3–4 Bio-Eier

FÜR DIE FÜLLUNG

300–500 g Sahne
1 Pck. Vanillezucker
700 g Kirschen (aus dem Glas, Abtropfgewicht)

ZUM SERVIEREN

Puderzucker zum Bestäuben

AUSSERDEM

Handrührgerät
Spritzbeutel mit großer Sterntülle

Den Backofen auf 200 °C (Ober-/Unterhitze) vorheizen und ein großes Backblech mit Backpapier auslegen. Ein zweites Backblech auf der untersten Schiene in den Ofen schieben und mit vorheizen.

Für den Brandteig die Butter zusammen mit 250 ml Wasser, Zucker und Salz zum Kochen bringen. Sobald die Flüssigkeit kocht, das Mehl zugeben und unter ständigem Rühren mit einem Holzkochlöffel »abbrennen«. Nach kurzer Zeit bildet sich ein geschmeidiger Teigklumpen sowie ein weißer Belag auf dem Topfboden. Den Teigklumpen jetzt noch ca. 1 Minute unter ständigem Bewegen weiter abbrennen, anschließend in eine Schüssel legen und einige Minuten abkühlen lassen. Der Teig sollte nur noch lauwarm sein, bevor die Eier zugegeben werden, damit diese nicht stocken und man Rührei erhält.

Während der Teig abkühlt, die Eier in einem Schälchen verquirlen. Portionsweise zum Teig gießen, dabei darauf achten, dass es sich jeweils vollständig mit dem Teig verbunden hat, bevor wieder Ei zugegeben wird. Wenn der Teig zähflüssig vom Rührbesen des Handrührgeräts tropft, ist er fertig – je nach Größe der Eier kann es sein, dass man nicht die komplette Menge Ei braucht.

Den Teig in den Spritzbeutel füllen und ca. 12–15 Windbeutel auf das vorbereitete Backblech aufspritzen. Die Windbeutel im oberen Drittel in den Ofen schieben und eine Tasse Wasser auf das vorgeheizte Blech gießen, sodass in den ersten 10 Minuten der Backzeit Dampf im Ofen ist – wer einen Ofen mit Dampffunktion besitzt, kann sich diesen Schritt sparen. Die Windbeutel ca. 25–30 Minuten backen. Wichtig: Die Ofentür darf in dieser Zeit nicht geöffnet werden, sonst fällt das Gebäck in sich zusammen.

Nach der Backzeit die Windbeutel aus dem Ofen nehmen und im noch warmen Zustand mit einem scharfen Brotmesser das obere Drittel abschneiden.

Für die Füllung Sahne mit Vanillezucker steif schlagen und in den gesäuberten Spritzbeutel füllen. Die Kirschen abseihen, dabei den Kirschsaft auffangen.

Wenn die Windbeutel fast vollständig abgekühlt sind, die Kirschen auf den unteren Hälften verteilen und je 1 TL Kirschsaft darüberträufeln. Eine Sahnehaube aufspritzen, die Deckel aufsetzen und die gefüllten Windbeutel mit Puderzucker bestäuben.

Fotos auf den nächsten Seiten.

TIPP:

Die Windbeutel können natürlich nach Herzenslust befüllt werden – sowohl süß mit bspw. Vanilleeis und Früchten oder Sahne und Eierlikör als auch deftig mit einer Frischkäsecreme oder auch Fleischsalat. Für die deftige Variante empfiehlt es sich allerdings, das Zucker-Salz-Verhältnis umzudrehen.

FEUERSPATZEN

Rund, süß und unglaublich lecker – aus der Pfanne direkt auf den Tisch sind die fluffigen Quarkbällchen, in Franken Feuerspatzen genannt, vermutlich schneller gegessen, als sie auskühlen können.

WARM & EINFACH • 30 BÄLLCHEN

FÜR DIE BÄLLCHEN

3 Bio-Eier
100 g Zucker
1 Pck. Vanillezucker
250 g Magerquark
250 g Weizenmehl (Type 405), plus mehr zum Arbeiten
1 Pck. Backpulver
1 Prise Salz

ZUM SERVIEREN

Zucker zum Ummanteln

AUSSERDEM

neutrales Pflanzenöl zum Frittieren
Küchenthermometer
Schaumlöffel

Das Öl in einem großen Topf langsam auf 180 °C erhitzen – am besten mit einem Thermometer kontrollieren, da die richtige Temperatur entscheidend ist, ob die Quarkbällchen gelingen.

Eier, Zucker und Vanillezucker in einer Schüssel schaumig schlagen, anschließend den Quark unterrühren. Die restlichen Zutaten vermengen und in die Masse sieben, damit keine Klümpchen entstehen. Alles zu einem glatten Teig verrühren.

Aus dem Teig etwa 30 Kugeln formen – nur walnussgroß, da sie beim Ausbacken noch aufgehen. Am einfachsten geht das mit leicht bemehlten Händen, da der Teig recht klebrig ist.

Die Kugeln portionsweise ins heiße Fett gleiten lassen und die Bällchen goldgelb frittieren. Mit einem Schaumlöffel herausheben und auf Küchenpapier entfetten. Die noch warmen Bällchen in Zucker wenden – wenn sie kalt sind, haftet der Zucker nicht mehr so gut.

TIPP:

Je nach Saison kann man den Zuckermantel natürlich auch variieren und die Bällchen bspw. in einer Zucker-Zimt-Mischung wenden.

OMAS EIERLIKÖR-KUCHENWÜRFEL

Wer liebt sie nicht, die Rezepte von Oma? Mit diesen Eierlikör-Kuchenwürfeln fühlt man sich direkt in seine Kindheit zurückversetzt und kann Happs für Happs in Erinnerungen schwelgen.

KALT & EINFACH • 15–20 WÜRFEL

FÜR DEN RÜHRTEIG

250 g weiche Butter
180 g Zucker
1 Pck. Vanillezucker
4 Bio-Eier
250 g Weizenmehl (Type 405)
1 Pck. Backpulver
200 ml Eierlikör
100 g Schokoladenstreusel

FÜR DIE GLASUR

500 g Zartbitterkuvertüre

AUSSERDEM

rechteckige Backform (ca. 10 cm x 20 cm)
Butter zum Fetten
Küchenmaschine
hitzebeständige Schüssel
Küchenthermometer
Pralinengabel

TIPP:

Sollte die Kuvertüre zu dickflüssig sein, lässt sie sich mit einer kleinen Menge Kakaobutter flüssiger machen. Hierzu unter ständigem Rühren die Butter portionsweise zugeben, bis die gewünschte Konsistenz erreicht ist.

Den Backofen auf 180 °C (Umluft) vorheizen. Die Backform fetten.

Die Butter zusammen mit Zucker und Vanillezucker in der Küchenmaschine cremig schlagen. Die Eier nach und nach zugeben und mit der Masse verrühren. Mehl und Backpulver in die Masse sieben und vorsichtig unterheben, bis keine Klümpchen mehr vorhanden sind. Zum Schluss Eierlikör und Schokoladenstreusel kurz unterrühren.

Den Teig in die Backform füllen – sie sollte etwa 2–3 cm hoch angefüllt sein – und den Kuchen etwa 45 Minuten im Ofen backen. Zur Garprobe den Stäbchentest machen: Zieht man einen hineingestochenen Zahnstocher »sauber« wieder aus dem Teig, ist der Kuchen fertig.

Den Kuchen aus dem Ofen nehmen, kurz abkühlen lassen und aus der Form stürzen.

In der Zwischenzeit die Kuvertüre schmelzen. Es ist wichtig, die Kuvertüre richtig zu temperieren, sodass sie nach dem Abkühlen wieder knackig und glänzend ist. Hierzu die Kuvertüre vor der Verarbeitung Zimmertemperatur annehmen lassen, klein hacken und zwei Drittel davon in eine hitzebeständige Schüssel füllen. Diese auf einen kleineren Topf mit sehr heißem Wasser setzen – der Schüsselboden darf das Wasser nicht berühren. Durch den entstehenden Wasserdampf schmilzt nun die Schokolade – das Wasser sollte hierbei nicht kochen und die Kuvertüre nicht zu heiß werden (Zartbitter etwa 40–45 °C). Sobald die Schokolade geschmolzen ist, das verbleibende Drittel zugeben, um so die Glasur etwas abzukühlen. Die Kuvertüre nochmals leicht erwärmen (ca. 30 °C), bis die Schokolade komplett flüssig ist.

Wenn der Kuchen vollständig ausgekühlt ist, diesen in Würfel schneiden und von allen Seiten mit geschmolzener Schokoladenglasur überziehen. Dafür am besten die Würfel mithilfe einer Pralinengabel vollständig in die Schokolade tauchen, herausheben, die überschüssige Schokolade kurz abtropfen und dann auf Backpapier trocknen lassen, bis die Glasur fest ist.

LEBKUCHEN-MOUSSE IM SCHOKOLADENSCHÄLCHEN

Hier spart man sich das Spülen der Schale, denn diese ist selbst Teil des leckeren Tapas-Nachtischs. Die Zartbitterschokolade schmilzt regelrecht auf der Zunge, und die Mousse ist trotz ihres Lebkuchengeschmacks das ganze Jahr über ein Hit.

KALT & AUFWENDIGER • 10–12 SCHÄLCHEN

FÜR DIE SCHÄLCHEN

200 g Zartbitterkuvertüre

FÜR DIE MOUSSE

150 g Zartbitterkuvertüre
2 Bio-Eier
100 g Zucker
400 g Sahne
2 TL Lebkuchengewürz
1 Prise Salz

AUSSERDEM

hitzebeständige Schüssel
Küchenthermometer
12 Luftballons (für Wasserbomben)
Handrührgerät
Spritzbeutel mit Lochtülle

TIPP:

Wer nur die Mousse zubereiten möchte, erhöht die Menge an Kuvertüre um 50 g.

Zunächst die gesamte Menge an Kuvertüre (für die Schälchen und das Mousse) über einem Wasserbad temperieren. Hierzu die Kuvertüre vor der Verarbeitung Zimmertemperatur annehmen lassen, klein hacken und zwei Drittel davon in eine hitzebeständige Schüssel füllen (die beim Hacken entstandenen Raspeln im Kühlschrank aufbewahren). Das Gefäß auf einen kleineren Topf mit sehr heißem Wasser setzen – der Schüsselboden darf das Wasser nicht berühren. Durch den entstehenden Wasserdampf schmilzt nun die Schokolade – das Wasser sollte hierbei nicht kochen und die Kuvertüre nicht zu heiß werden (Zartbitter etwa 40–45 °C). Sobald die Schokolade geschmolzen ist, das verbleibende Drittel zugeben, um so die Masse etwas abzukühlen. Die Kuvertüre nochmals leicht erwärmen (ca. 30 °C), bis die Schokolade komplett flüssig ist.

Die Luftballons auf die gewünschte Größe aufblasen und einzeln mit der runden Seite nach unten in die geschmolzene Kuvertüre tauchen. Die Ballons umdrehen, sodass die Schokolade etwas nach unten laufen kann, und zum Abkühlen mit der Schokoseite auf Backpapier stellen.

Für die Mousse erst die Eier mit dem Zucker schaumig, dann die Sahne in einem zweiten Gefäß steif schlagen. Lebkuchengewürz und etwas Salz unter die restliche geschmolzene Schokolade rühren und zügig mit der Zucker-Ei-Mischung vermengen. Die geschlagene Sahne vorsichtig unter die Mousse heben. Die Masse in den Spritzbeutel füllen und mindestens 2 Stunden im Kühlschrank abkühlen lassen.

Sobald die Schokoladenschälchen ausgehärtet sind, die Luftballons mit einer Schere zum Platzen bringen. Die Mousse in die Schälchen spritzen und mit Schokoraspeln dekorieren.

Knoblauch-Kräuter-Butter
Speck-Butter
Tomaten-Butter
Lachs-Aufstrich
Kürbis-Aufstrich
Rote-Bete-Aufstrich
Walnuss-Tomaten-Aufstrich
Tomatensauce
Brioche-Weggla
Kloßteig
Semmel- & Brezenknödel

GRUNDREZEPTE

Aufstriche und Butter-Variationen sind eine einfache und schnelle Möglichkeit, den Tapas-Tisch zu vervollständigen oder seinen Gästen vorab schon eine Kleinigkeit anzubieten. Einen Korb frisches Brot dazu und fertig.

BUTTER-VARIATIONEN

Für meine Butter-Variationen verwende ich immer 150 g Butter, lasse sie bei Zimmertemperatur weich werden und vermische sie dann nach Herzenslust mit frischen Kräutern, etwas Salz und weiteren Zutaten. Die Menge reicht in etwa für 4–6 Personen.

KNOBLAUCH-KRÄUTER-BUTTER

150 g weiche Butter
½ Knoblauchzehe, gerieben
1 EL frisch geschnittene Petersilie
1 EL frisch geschnittener Schnittlauch
Salz

TOMATEN-BUTTER

150 g weiche Butter
3–4 getrocknete Tomaten, sehr klein geschnitten
Salz

SPECK-BUTTER

150 g weiche Butter
3–4 Scheiben Speck, kross gebraten, ausgekühlt und klein gehackt
Salz

AUFSTRICH-VARIATIONEN

In nur 5 Minuten tolle Aufstriche zaubern? Kein Problem – einfach alle Zutaten in einen Mixer geben, bis zur gewünschten Konsistenz pürieren, abschmecken und fertig.

LACHS-AUFSTRICH

150 g Frischkäse (Doppelrahmstufe)
50 g Crème fraîche
150 g Räucherlachs
2–3 TL Sahnemeerrettich
etwas frisch gepresster Zitronensaft
1–2 EL frisch geschnittener Dill
Salz und schwarzer Pfeffer aus der Mühle

KÜRBIS-AUFSTRICH

200 g Kürbis, gegart
90 g Feta
25 g Sahne
1 EL Honig, plus mehr zum Servieren
1 EL frisch gepresster Zitronensaft
Salz und schwarzer Pfeffer aus der Mühle
1 Prise Chilipulver

ROTE-BETE-AUFSTRICH

2–3 gegarte Rote Beten
2 Knoblauchzehen
180 g Kichererbsen (aus der Dose, Abtropfgewicht)
30 g Tahini
1 EL weiche Butter
1 EL frisch gepresster Zitronensaft
1 EL Balsamicoessig
natives Olivenöl extra (nach Bedarf)

WALNUSS-TOMATEN-AUFSTRICH

1 Handvoll Walnusskerne
¼ Bund Minze
½ Bund Petersilie
200 g Tomatenmark
5 EL natives Olivenöl extra
½ TL Kreuzkümmel
½ TL getrockneter Oregano
Salz und schwarzer Pfeffer aus der Mühle

Für das vollständige Rezept siehe S. 130

TOMATENSAUCE

ERGIBT CA. 450 G

FÜR DIE SAUCE

- 1 Zwiebel
- 1 EL Olivenöl
- 1 Knoblauchzehe (nach Belieben)
- 1 EL Tomatenmark
- 1 TL Zucker
- 50 ml Rotwein
- 400 g stückige Tomaten (aus der Dose)
- ½ TL Chilipulver
- Salz und schwarzer Pfeffer aus der Mühle

Die Zwiebel fein würfeln. In einer Pfanne etwas Olivenöl erhitzen und die Zwiebel darin bei mittlerer Hitze anschwitzen. Falls verwendet, den Knoblauch hacken und zur Zwiebel geben, wenn sie schon glasig ist. Nur kurz mit anbraten, da Knoblauch recht schnell verbrennt. Tomatenmark und Zucker zufügen und mitrösten, dabei den Zucker leicht karamellisieren lassen. Mit Rotwein ablöschen und diesen fast vollständig verkochen lassen. Stückige Tomaten zugießen, einmal aufkochen und die Sauce mit Chilipulver, Salz und Pfeffer abschmecken.

TIPP:

Wer möchte, kann die Sauce jetzt noch im Mixer pürieren und durch ein Sieb passieren – zu vielen Gerichten passt allerdings auch die etwas rustikalere Variante mit Stückchen sehr gut.

BRIOCHE-WEGGLA

12 MINI-WEGGLA

FÜR DEN VORTEIG

20 g Weizenmehl (Type 405)

FÜR DEN HAUPTTEIG

380 g Weizenmehl (Type 405), plus mehr zum Arbeiten
30 g Zucker
7 g Trockenhefe
120 ml Milch (Zimmertemperatur)
Vorteig (siehe oben)
10 g Salz
2 Bio-Eier (Zimmertemperatur)
50 g weiche Butter

ZUM BESTREICHEN

2 Bio-Eigelb
1 EL Milch
1 EL weiche Butter

AUSSERDEM

Handrührgerät oder Küchenmaschine mit Knethaken
neutrales Pflanzenöl zum Fetten

Zunächst einen Vorteig ansetzen – dieser macht die Weggla später super fluffig und elastisch. Hierfür das Mehl mit 100 ml Wasser in einer kleinen Pfanne unter ständigem Rühren erhitzen, bis das Mehl aufgequollen und ein klebriger Teig entstanden ist. Beiseitestellen und abkühlen lassen.

Für den Hauptteig Mehl, Zucker, Hefe und Milch in einer Schüssel mit einem Handrührgerät auf niedriger Stufe verrühren. Den Vorteig zufügen und weiterrühren. Jetzt die Geschwindigkeit erhöhen und das Salz sowie die Eier nacheinander zugeben. Zum Schluss die Butter in den Teig rühren. Mindestens 8–10 Minuten weiterrühren, bis ein glatter, elastischer Teig entstanden ist. Drückt man mit der Fingerkuppe vorsichtig hinein und die Stelle »kommt zurück«, ist der Teig fertig.

Den Teig auf eine saubere Arbeitsfläche stürzen, alle vier Seiten leicht nach außen ziehen und zur Mitte klappen. Den Teig umdrehen, zu einer Kugel formen und in eine geölte Schüssel legen. Abgedeckt 1–2 Stunden an einem warmen Ort gehen lassen. Am besten die Schüssel dafür einfach in den Backofen stellen und nur die Lichtfunktion einschalten.

Nach der Ruhezeit den Teig auf einer bemehlten Arbeitsfläche in zwölf gleich große Teile schneiden – jeder Teigling sollte ca. 60 g wiegen. Anschließend mit jedem Teigling ähnlich verfahren wie zuvor mit dem kompletten Teig: Jede Seite nach außen ziehen, von außen nach innen falten, umdrehen und zu einer schönen Kugel formen. Nun folgt die sogenannte Stückgare. Hierfür die Teiglinge mit Abstand auf ein mit Backpapier ausgelegtes Backblech setzen und abgedeckt nochmals 30–60 Minuten gehen lassen.

Den Backofen auf 180 °C (Ober-/Unterhitze) vorheizen. Die Eigelbe mit der Milch vermischen und jeden Teigling damit bepinseln. Etwa 10–12 Minuten im Ofen goldbraun backen.

Anschließend herausnehmen und die Oberseite der noch heißen Weggla mit etwas Butter bestreichen.

KLOSSTEIG

4–6 KLÖSSE

FÜR DEN KLOSSTEIG

1 kg mehligkochende Kartoffeln
Salz
2 Bio-Eigelb
15 g Speisestärke

AUSSERDEM

Kartoffelpresse
feine Küchenreibe

300 g der Kartoffeln waschen und in reichlich Salzwasser weich kochen. Anschließend durch die Kartoffelpresse drücken – im Normalfall müssen die Kartoffeln hierfür vorher nicht extra gepellt werden, die Schale bleibt einfach in der Presse zurück.

Die restlichen rohen Kartoffeln schälen und mit der Küchenreibe fein raspeln. Nach Möglichkeit die feinste Reibe verwenden (es entsteht fast ein Brei). Die Kartoffeln mithilfe eines sauberen Küchentuchs auspressen, dabei das Kartoffelwasser auffangen und ca. 10–15 Minuten stehen lassen. Dabei setzt sich die Stärke am Boden ab. Das Wasser vorsichtig abgießen und die abgesetzte Stärke wieder zu den Kartoffelraspeln geben.

Die rohen mit durchgepressten Kartoffeln, Eigelben und Speisestärke in eine Schüssel füllen, salzen und alles gründlich zu einem glatten Teig vermengen. Diesen zu Klößen formen (siehe Tipp) oder den Kloßteig für die Croquetas auf S. 48 oder Soß im Kloß auf S. 96 verwenden.

TIPP:

Für Klöße mit angefeuchteten Händen vier bis sechs Kugeln aus dem Teig formen und diese ca. 20 Minuten in reichlich heißem Salzwasser ziehen lassen (nicht kochen).

JAPAN

SEMMEL- UND BREZENKNÖDEL

1–2 ROLLEN

60 g Zwiebeln
70 g Butter
2 Bio-Eier
300 ml Milch
½ TL Salz
frisch geriebene Muskatnuss (nach Belieben)
250 g altbackene Semmeln oder Brezen
2 EL frisch geschnittene Petersilie

Die Zwiebeln fein würfeln. Die Butter in einer Pfanne zerlassen und die Zwiebeln darin glasig anschwitzen.

Eier mit Milch verquirlen und mit Salz und etwas Muskatnuss würzen.

Semmeln oder Brezen in kleine Würfel schneiden und mit dem Milch-Ei-Gemisch sowie den Butterzwiebeln mischen. Die Petersilie zufügen, alles gut durchmengen und 1 Stunde ziehen lassen.

Frischhaltefolie auf der Arbeitsfläche ausbreiten, den Teig daraufgeben und mithilfe der Folie zu einer ca. 5 cm dicken Wurst rollen. Wichtig: Die Rolle nur so lang machen, dass sie später in den Topf passt, deshalb gegebenenfalls zwei Rollen formen. Die Rolle fest mit Alufolie umwickeln und in siedendem (nicht kochendem!) Wasser ca. 25–30 Minuten garziehen lassen.

TIPP:

Der Knödelteig lässt sich wunderbar vorbereiten und mehrere Stunden (auch über Nacht) im Kühlschrank aufbewahren, sodass er am Kochtag nur noch gegart werden muss.

KATEGORIEN-REGISTER

SCHINKEN, WURST & FLEISCH 18–65

FISCH & MEERESTIERE 68–87

VEGETARISCH 90–131

SÜSSES 134–157

GRUNDREZEPTE 158–169

REZEPT- UND ZUTATENREGISTER

H

K

L

M

N

O

P

R

S

T

V

W

Z

ZUBEREITUNGSHINWEISE

Löffelmaßangaben: Falls nicht anders angeführt, sind stets gestrichene Löffel gemeint. EL und TL sind Abkürzungen für Esslöffel und Teelöffel.

Backofen: Der Ofen sollte stets auf die angegebene Temperatur vorgeheizt werden. Die angegebenen Temperaturen gelten für konventionelle Backöfen mit Ober-/Unterhitze. Beim Backen und Garen mit Umluft muss die Temperatur jeweils um etwa 20 °C reduziert werden. Backt und gart stets in der Ofenmitte.

Sterilisierte Einmachgläser verwenden.

Hygiene: Achtet bei der Zubereitung von rohem Fleisch auf peinliche Hygiene. Wascht benutzte Schneidebretter, Messer, Arbeitsflächen und eure Hände nach Gebrauch sorgfältig heiß ab. Fleisch und Gemüse nie auf demselben Schneidebrett verarbeiten. Fleisch sollte vor der Zubereitung immer trocken getupft werden.

Obst und Gemüse vor der Verarbeitung immer waschen, putzen oder bei Bedarf schälen.

Originalausgabe
4. Auflage 2026

Bauhof 1, 90556 Cadolzburg
info@arsvivendiverlag.de
www.arsvivendi.com

Druck: GPS Group
Printed in Europe

ISBN 978-3-7472-0462-7

Texte und Rezepte: Matthias Wendler, @mtthswndlr
Fotografie: © Valerie Hammacher,
www.valeriehammacher.com
Redaktion: Denise Maurer
Lektorat: Simone Gerlach
Layout und Satz: Sandra Frick, www.lomyli-design.de
Covergestaltung: Carlotta Kiefhaber, @nichtsoblumig